MEDICINAS® ALTERNATIVAS

Guía de consulta y prevención [1]

Terapias naturales para la curación integral

Dolor de Espalda y contracturas

Consulte a su médico

La información contenida en este libro tiene el propósito de ayudar al lector a tomar decisiones bien informadas acerca de su salud, pero no tiene la intención de sustituir la atención médica, ni debe utilizarse para automedicarse.
Si usted cree que tiene algún problema de salud, debe buscar consejo médico profesional lo antes posible.

Dolor de espalda y contracturas
es editado por
EDICIONES LEA S.A.
Bonpland 2273 C1425FWC
Ciudad de Buenos Aires, Argentina.
E-mail: edicioneslea@latinoa.com.ar
Web: www.librosyrevistas.net

ISBN Nº 987-1257-07-4

Impreso en Argentina.
Talleres gráficos Vuelta de página.
Noviembre de 2005

Equipo de Medicinas Alternativas
Dolor de espalda - 1a ed. - Buenos Aires :
Ediciones Lea libros, 2005.
128 p.: il.; 20x14 cm. (Guías de consulta y prevención)

ISBN 987-1257-07-4

1. Medicinas Alternativas. I. Título
CDD 615.89

MEDICINAS ALTERNATIVAS

Guía de consulta y prevención [1]

Terapias naturales para la curación integral

Dolor de Espalda y contracturas

El molesto dolor de espalda surge por un mecanismo neurológico –normalmente de origen desconocido– que origina dolor, inflamación y contracturas musculares.

Capítulo 1

Nosotros y el dolor de espalda

Cuidado cotidiano de la espalda

¿Quién no ha padecido alguna vez, por causas que veremos que son muy diversas, el padecimiento del dolor de espalda y las temidas contracturas?

Según las encuestas de la Organización Mundial de la Salud, OMS, se trata de uno de los padecimientos más comunes de la humanidad, aunque su multitud de causas no dejan de ser investigadas hoy día. Desde el estrés a las malas posturas, desde la vida sedentaria hasta las tensiones de la existencia moderna, parece que todo contribuye, en mayor o menor medida, a que millones de personas, en todo el mundo, deban soportar en ciertas etapas de sus vidas, este molesto mal de nuestro tiempo que, en algunos casos severos, se instala como una dolencia crónica y cotidiana.

El molesto dolor de espalda surge por un mecanismo neurológico –normalmente de origen desconocido– que origina dolor y contracturas musculares.

Muchos son los métodos de diagnóstico empleados por la medicina tradicional para evaluar la gravedad y los tratamientos adecuados para cada tipo de dolencia: ellos van desde el establecimiento de historias clínicas y la exploración física, hasta las radiografías, los análisis de sangre y la resonancia magnética, entre otros métodos para lo mismo.

Sin embargo, a la luz de los nuevos descubrimientos, se revalorizan cada vez más las técnicas naturales, tanto las heredadas de las disciplinas milenarias de Oriente como las descubiertas por los nuevos investigadores de la salud. Las posibilidades de las distintas medicinas alternativas cada vez son más conocidas y aplicadas en nuestro tiempo, venciendo suspicacias y prejuicios que responden a otra época.

Nuestra "viga maestra": la espalda

La espalda es una de las porciones más importantes de nuestro organismo. De los numerosos y potentes músculos y huesos que la componen, emanan y se apoyan las palancas que nos permiten actuar durante todo el día como seres capaces de modificar nuestro entorno. A la naturaleza le llevó millones de años elaborar esta verdadera joya de la estructura humana y es por demás conveniente que observemos prácticas conducentes a mantenerla en perfecta salud. Caso contrario, pese a que es muy resistente, tarde o temprano pagaremos con creces el descuido. Entre las maneras de evitar y contrarrestar el dolor de espalda tienen un papel clave el realizar ejercicios y conservarse físicamente activo, evitar el reposo en cama y cumplir con las normas de higiene postural. Ciertas circunstancias, tales como el irremediable transcurso de la edad o el embarazo, hacen que ciertos factores de riesgo se tornen más relevantes. Desde luego, apenas hemos enunciado recién unas pocas fuentes y tratamientos del dolor de espalda. Veremos que ambas listas son por demás extensas y, sorprendentemente, algunos de estos factores casi insólitos para lo que creemos habitualmente.

Nuestra espalda es una estructura bien robusta, sostenida por huesos resistentes y una musculatura poderosa. Es común que el dolor de espalda no se deba directamente a una enfermedad de la espina dorsal, sino a un deficiente funcionamiento de los músculos de la espalda.

Nuestra espalda nos permite...

- **Darle un firme apoyo al cuerpo:** Para poder sostener el peso del cuerpo, la espalda es bien sólida. Está conformada por huesos muy fuertes y músculos poderosos.
- **Proteger la espina dorsal:** Para ello, las vértebras tienen una forma particular, dado que articuladas como están, poseen un canal interior que las conecta y a través del cual se extiende la médula espinal, que forma parte del sistema nervioso, entre otras importantes funciones.
- **Mantener estable el centro de gravedad:** la contracción de musculatura de la espalda trabaja como un contrapeso que compensa los movimientos del resto del organismo.
- **Posibilitar el movimiento del cuerpo:** para ello la columna vertebral tiene que tener la cualidad de ser flexible. Por esta causa está conformada por 33 vértebras separadas, articuladas por un complejo sistema de músculos y ligamentos.

La columna vertebral

Está formada, como antes dijimos, por 33 vértebras: 7 cervicales, 12 dorsales y 5 lumbares, separadas por los 23 discos intervertebrales. Las 5 sacras están fusionadas, al igual que las 4 coxígeas, formando los huesos sacro y coxis.

Las vértebras están perfectamente alineadas y forman una vertical. Si las observamos de perfil, conforman unas curvas. La curva superior (zona cervical) y la inferior (en el área lumbar) son cóncavas hacia atrás y se llaman lordosis cervical y lumbar. La curva media es cóncava hacia adelante y recibe el nombre de cifosis dorsal. Esta conformación especial posibilita que la columna vertebral resulte extremadamente resistente a la carga aplicada en dirección vertical, puesto que sus curvaturas le brindan una gran flexibilidad. Si la carga es muy importante, las curvaturas pueden aumentar transitoriamente, amortiguando de este modo la presión que soportan las vértebras.

La columna vertebral

Vista lateral

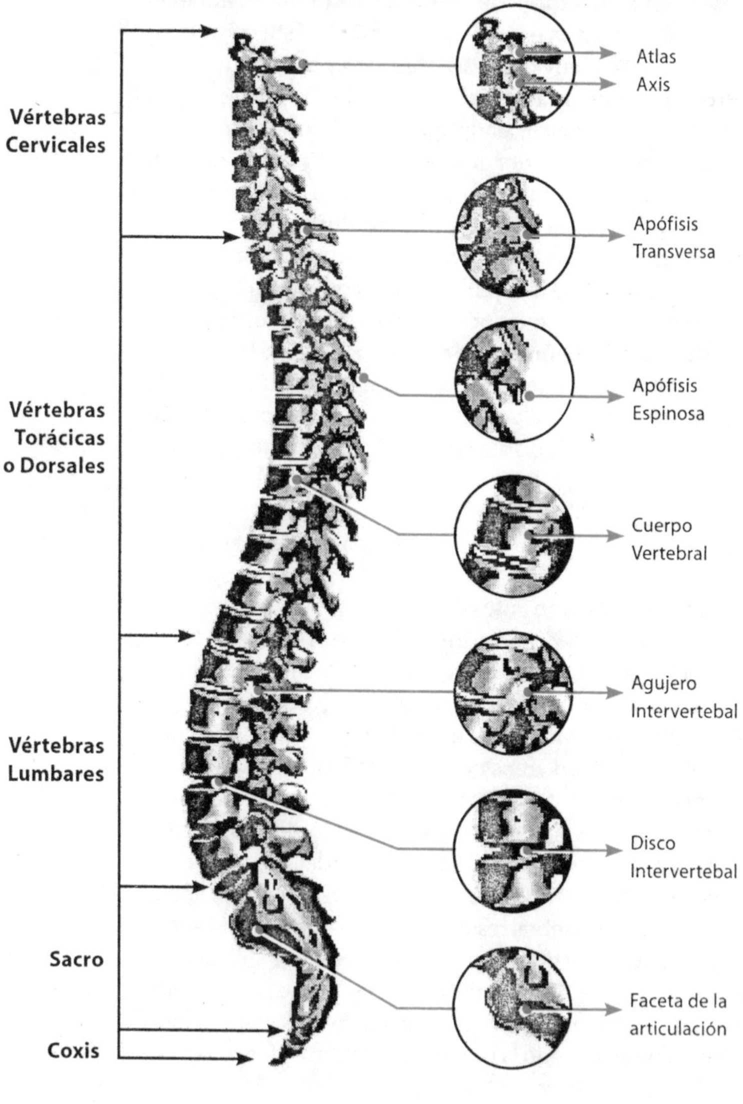

Vértebras Cervicales

Vértebras Torácicas o Dorsales

Vértebras Lumbares

Sacro

Coxis

Atlas
Axis

Apófisis Transversa

Apófisis Espinosa

Cuerpo Vertebral

Agujero Intervertebal

Disco Intervertebal

Faceta de la articulación

¿Por qué duele la espalda?

Generalmente, la dolencia tiene su origen en un mal funcionamiento de los músculos involucrados en los diversos movimientos que realiza la espalda y no tiene su fuente en una enfermedad de la columna vertebral.

Entre los factores más comunes que conllevan un mayor peligro de sufrir dolor de espalda figuran

- El sedentarismo, que acarrea falta de fuerza muscular.
- Los hábitos posturales incorrectos.
- La práctica errónea de algunos deportes: En ciertos casos, como el de la gimnasia realizada por jóvenes todavía en desarrollo, puede llegar a causar deformaciones de la espina dorsal, tales como la escoliosis. En un porcentaje importante, para esta delicada edad del ser humano, porque el entrenamiento defectuoso puede ocasionar desequilibrios en los músculos de la espalda, aunque sin causar deformaciones de la columna vertebral.

Entre los muchos casos pueden manifestarse dolores de espalda que van desde agudos a crónicos:

- Deportistas.
- Mujeres embarazadas.
- Personas que trabajan habitualmente con computadoras.
- Trabajadores de todos los rubros.
- Enfermos obligados a mantener inmovilidad por tiempo prolongado.
- Personas operadas.
- Personas mayores.
- Gente de hábitos sedentarios
- Escolares y adolescentes
- Personas con sobrepeso
- Estresados en general (no sólo hombres y mujeres, esto es, adultos: también se observa estrés en niños menores de 12 años, con el consiguiente peligro de sufrir dolores de espalda y contracturas).

¿En qué consiste el dolor?

Se trata de un sensación que va desde lo desagradable hasta lo francamente insoportable que experimenta nuestro organismo. Se establece el dolor como presencia cuando el cerebro recibe la señal desde el punto donde se origina el mismo a través del sistema nervioso. El aspecto benéfico del dolor estriba en que actúa como una defensa del cuerpo, porque es la manera que tiene nuestro cuerpo de informarle al cerebro que algo no anda bien.

El dolor puede tener como fuente un origen psíquico que, al no poder manifestarse como tal, se transforma en dolor físico "somatización"

Sus síntomas más comunes

- **1. Dolor agudo:** consiste en un dolor notable, que se pronuncia durante un tiempo corto. Habitualmente corresponde a una afección característica o alguna lesión.
- **2. Dolor crónico:** se trata de un dolor que se prolonga de un modo permanente, aunque ofrece la particularidad de volverse más intenso en determinadas etapas. Esta dolencia, al revés que el dolor agudo, no debe ser estimada como un aviso del organismo a través del sistema nervioso respecto de un factor agresivo para el mismo, como en el caso del dolor agudo. Asimismo, no es posible darle un alivio al paciente afectado de dolor crónico a través de los procedimientos analgésicos actuantes en los casos del dolor crónico.

Causas de los dolores agudos y crónicos		
Dolores que implican estados de depresión o de ansiedad	Dolores de índole nerviosa	Dolores producidos en las articulaciones, músculos, piel o vísceras

La medicina natural versus el dolor de espalda y las contracturas

La medicina natural nos permitirá tratar nuestro problema de dolor de espalda siguiendo pautas sencillas y fáciles de implementar.

Todas ellas están basadas en distintos conceptos que tienen como base los poderes de nuestro propio organismo para sanarse de sus propios males, llegando la medicina natural a superar aun a las terapias convencionales.

Ello es así, porque todos sus conceptos se apoyan en la sabiduría del cuerpo mismo, que puede corregir sus malos hábitos, las erróneas posturas y los equivocados movimientos que realizamos en la esfera cotidiana sin darnos cuenta de cuánto mal le estamos haciendo a nuestro organismo.

Pensemos que el dolor dorsal, las contracturas musculares, los dolores lumbares y cervicales, muchas veces obedecen a problemas de tipo postural, cuando no al general estrés que sufrimos aquellos que vivimos en las grandes ciudades, aunque sus dolorosos dominios también se extienden a las mismas zonas rurales, no respetando tampoco las diferencias de edad, sexo o distribución geográfica.

La medicina natural es un precioso legado que nos viene de la antigüedad, proveniente tanto de Oriente como de Occidente.

Por otra parte, en sus diferentes facetas, ya que abarca muchas disciplinas y posibilidades, la medicina natural ha sido concebida por los estudiosos de la actualidad como un medio de rescatar las enseñanzas de nuestros antepasados, brindándoles una reactualización que cuenta con el aporte de los nuevos descubrimientos en la materia. Así, estamos en condiciones de ofrecer, en este volumen, consejos prácticos que toman en cuenta las enseñanzas de materias tan dispares como el yoga y el tai chi, la apiterapia y la fitoterapia, sumadas a los más modernos descubrimientos en cuanto a sistemas y métodos que apuntan al mismo fin: aliviar el dolor de espalda y las contracturas, de un modo fácil de seguir y de entender, que le tomará al lector sólo algunos minutos de su tiempo y le servirá de alivio certero y concreto para sus dolorosos males. Asimismo, adjuntamos en este volumen referencias y precisiones respecto de nuevas técnicas y procedimientos, que gozan de gran prestigio en los Estados Unidos de Norteamérica y Europa, comprobadamente útiles para el alivio y el tratamiento de la dolencia dorsal. Para reputados estudiosos del tema, el conocimiento del poder curativo de la naturaleza comenzó en Occidente alrededor del siglo V antes de Cristo. Este concepto manifiesta que la naturaleza le otorga al cuerpo humano la capacidad de curarse a sí mismo, empleando sus mismos poderes de regeneración o apelando, para incentivarlos, al empleo de sustancias naturales que están en directa relación con esos poderes, en la medida en que se trata de sustancias que, al revés de muchas de las fabricadas en forma sintética por la industria moderna, poseen la capacidad de energizar sin intoxicar, de contribuir a sanar sin forzar al organismo y, sobre todo, sin producir en él efectos colaterales o secundarios que, en más de una ocasión, se revelan como peores que la dolencia misma que las drogas sintéticas intentaban eliminar.

La medicina natural, al comprender al individuo como una integridad de cuerpo y mente, atiende a ambas esferas de esa unidad, buscando restablecer no solamente la parte física, sino también la esfera anímica y psíquica, donde no pocas veces se origina el síntoma.

En cuanto a Oriente, debemos decir que el contacto producido hace siglos con Occidente no hizo más que enriquecer la disponibilidad de métodos y sustancias capaces de aliviar el dolor –tanto corporal como psíquico– aportando nuevos conocimientos en todas las áreas que la medicina tradicional occidental había explorado.

En lo referente al empleo de la medicina natural –en muchas de sus facetas conocidas actualmente– Oriente aventaja radicalmente a Occidente, pues sabemos fehacientemente que el yoga, el tai chi, los productos derivados de las abejas, la acupuntura y los ejercicicios combinados con respiración y muchos otros métodos de práctica en Japón, la India, el Tibet y China eran empleados por la humanidad cinco mil años antes de la era cristiana.

La tendencia actual, que aprovecha las mejores virtudes de cada área del conocimiento, ha hecho bien en extraer de Oriente y de Occidente los mejores conceptos y métodos conducentes al mismo objetivo: la conservación de la salud y la prevención de los males que puedan acecharla. Así, hoy día, disponemos de métodos, sistemas y medios relevantes, provenientes de ambos hemisferios, para tratar en forma natural y no dañina, las graves dolencias del hombre contemporáneo, una escala donde la variada sintomatología de los dolores dorsales, cervicales y lumbares no ocupa poco espacio.

Asimismo, forma parte destacada de la medicina natural la vasta gama de ejercicios que reseñamos en este libro, tendiente también a seguir la premisa de todo el volumen: facilitar por medios sencillos y claros la curación del doliente, el alivio del sufriente y la prevención de males futuros en el sujeto sano.

Prueba cabal de la aceptación que tiene la medicina natural en nuestro hemisferio, es el incremento que tiene su práctica en nuestros días. Tanto en los Estados Unidos de Norteamérica como en los países más adelantados del Viejo Mundo, la medicina natural ha ido ganando terreno en relación a las terapias tradicionales a una escala que lejos de detenerse, no hace otra cosa que incrementarse día a día. Así, no pocas obras sociales y servicios de salud comunitaria de Estados Unidos y Europa le han reconocido plenamente a estas disciplinas de inspiración natural su derecho a ser entendidas en un pie de igualdad con respecto a las de origen convencio-

Siendo las culturas orientales mucho más viejas sobre este mundo que las nuestras, no es de extrañarse que su aporte sea, en muchos casos, aún más profundo que el de las técnicas propias de nuestro hemisferio.

nal. Hoy en día, las terapias florales, los ejercicios de tai chi y yoga, la fitoterapia, la gimnasia natural y otras disciplinas se estudian en las más prestigiosas universidades como materias obligatorias y están probados plenamente los beneficios que aportan a las comunidades que saben apreciar sus virtudes en su justo valor.

Sirva entonces este práctico volumen dedicado a la curación y el tratamiento de los dolores dorsales, lumbares y cervicales, así como los originados en contracturas de variada especie, como luz y guía para todos aquellos aquejados por estas difundidas y temidas afecciones

EL DOLOR DE ESPALDA Y LAS PERSONAS ESTRESADAS

El estrés –un mal característico de nuestro tiempo– acrecienta el peligro de sufrir de dolor de espalda. Esto es así porque favorece las contracturas musculares y, asimismo, porque reduce el umbral del dolor. Lo más conveniente es atacar al síntoma desde su misma causa, o sea, intentar darle una solución positiva al origen mismo del estrés. Sin embargo, sabemos en carne propia que esto no es tan fácil, pues las obligadas tensiones de la vida moderna se imponen con su carga de tensión y consecuente estrés. Sin embargo, se puede tomar en cuenta una serie de medidas tendientes, si no a eliminar el estrés que origina el dolor de espalda y las contracturas, al menos a controlarlo.

El estrés altera la coordinación de los músculos que posibilitan el funcionamiento de la espalda. Dicha coordinación depende de reflejos nerviosos. El estrés afecta la coordinación de los referidos reflejos y hace que la musculatura se contraiga de modo erróneo, produciéndose así la contractura. El estrés altera las funciones de los nervios que controlan los músculos de la espalda, posibilitando que se contracturen. Inclusive, la contractura puede pronunciarse ante esfuerzos muy reducidos, dando lugar a períodos de dolor que pueden ser bastante prolongados. Si el estrés persiste por un tiempo dilatado, teniendo como consecuencia dolores de espalda cada vez más frecuentes y duraderos, el padecimiento puede volverse crónico.

Sin embargo, aunque sea el estrés un factor fundamental para desatar contracturas y dolores de espalda, también otros hechos contribuyen a lo mismo:

- Una actitud negativa frente al dolor, al pensar que éste va a continuar de modo permanente, con las consecuencias que ello trae aparejadas: la limitación de la capacidad de actividad y la reducción de la calidad de vida.
- Sentir miedo del dolor y, precisamente para evitarlo, reducir la actividad física.
- Abusar de la medicación analgésica, cuya dosificación, lógicamente, deberá ir en aumento con el paso del tiempo.
- Interrumpir las tareas físicas que suponemos que harán aumentar el dolor.
- Además, muchas veces se suman las consecuencias del sedentarismo, la falta de actividad y el deficiente estado físico.

Para aliviar el dolor de espalda provocado por el estrés, se pueden implementar las siguientes medidas:

- Hacer alguna actividad física. No es necesario para ello que se anote en un gimnasio, acuda a profesores especializados u otras medidas por el estilo. La medida correcta puede ser tan sencilla como caminar normalmente por espacio de una media hora diaria, en lugar de emplear los medios de transporte habituales. Asimismo, también puede subir escaleras en vez de emplear el ascensor, siempre en forma reposada y sin forzar al organismo. También puede realizar algunas prácticas aeróbicas, como la natación. Recuerde que si va a comenzar a practicar alguna disciplina deportiva, debe antes acudir a la consulta médica, donde su aptitud física será convenientemente estimada.

- **Manejarse según las normas de la higiene postural, para que la carga que deberán soportar la columna vertebral y los músculos sea menor y se eviten así los peligros de contracturas.**

- **Desarrollar los músculos de la espalda. El entrenamiento reduce el riesgo de sufrir contracturas.**

Capítulo 2

Ejercicios y prevención

Un descuido habitual y peligroso

Sencillos consejos para prevenir el dolor de espalda y las contracturas

Generalmente, le prestamos atención a un síntoma cuando se presenta y es doloroso. No tomamos en cuenta que puede ser un indicio de un mal mayor, que ha dejado de estar latente y que ahora surge como una señal de peligro. Mientras el síntoma doloroso dura, nuestra preocupación mayor es librarnos de él. Esto se cumple en la mayoría de los casos y en el mayor porcentaje de las personas. Por ejemplo, en el caso del dolor de muelas o el dolor de espaldas: probaremos todos los remedios conocidos, preguntaremos a nuestros amigos y familiares, iremos a la consulta médica en caso de que ya no lo soportemos más o todos los remedios caseros y los analgésicos que tengamos a mano hayan fracasado. Sin embargo, en cuanto se produzca un alivio más o menos prolongado a nuestra tortura, inmediatamente nos olvidaremos de él, para sumergirnos en nuestra rutina habitual, como si nada hubiera pasado.

Es todavía más difícil que invirtamos un poco de nuestro tiempo y nuestra atención en prevenir esas mismas molestias. Las indicaciones del odontólogo serán olvidadas; las del especialista que nos trató cuando sufrimos nuestro último ataque de contractura muscular o dolor cervical o de espaldas, lamentablemente, también las dejaremos de lado, para arrojarnos de lleno a nuestras posturas corporales equivocadas, a nuestros movimientos incorrectos, a la vasta artillería de errores que, a corto o a mediano plazo, nos llevarán a sufrir una nueva racha de dolor insoportable... Desde luego, en cuanto nos sintamos aliviados, nuevamente habremos de olvidar los buenos consejos de los especialistas. Parece increíble que –una vez descartadas por el especialista cualesquiera otras causas del dolor de espalda, un síntoma que puede estar asociado a multitud de afecciones que deben ser analizadas exclusivamente por el médico– muchas de las molestias ocasionadas en nuestra espalda tengan una solución tan sencilla. Se trata de seguir algunos simples consejos, que tienen que ver con cómo realizamos trabajos tan comunes y cotidianos como caminar, sentarnos o levantar cargas, entre otras tareas. Si las hiciéramos correctamente, ello redundaría en nuestro beneficio, librándonos de contracturas, dolores de cuello y espalda y otras afecciones musculares. Las siguientes sencillas recomendaciones son sólo para aquellos que ya pasaron por el especialista, profesional médico que ya descartó cualquier otro origen del dolor que no fueran las malas posiciones y los erróneos movimientos cotidianos.

Antes de lanzarnos a seguir estas indicaciones, que tienen mucho de sentido común y mera practicidad, debemos acudir –siempre– al especialista, para descartar que nuestro dolor de espalda se deba a otra causa que las malas posturas y los equivocados movimientos. Puede existir una causa diferente que solamente el especialista está en condiciones de determinar.

Prevenir el dolor es fácil

En primer lugar, debemos tomar en cuenta que la mayoría de los casos de dolor de espalda son susceptibles de ser prevenidos. Guardar mínimos y sencillos cuidados es la forma más adecuada de evitar padecer esas terribles contracturas que nos afectan al levantarnos de la cama o de la mesa adonde estábamos sentados –creíamos– en una posición relajada hasta momentos antes. Del mismo modo, equivocadamente pensábamos que dormíamos en la posición correcta, o que adoptábamos la postura adecuada al caminar. Asimismo, suponíamos que al levantar y cargar las bolsas desde el mercado hasta la cocina de la casa, durante tres cuadras o más, lo hacíamos correctamente.

Sin embargo, la serie de dolores de espalda, cervicales, lumbares, las contracturas dispersas por diversas áreas de nuestro cuerpo, las prolongadas jaquecas originadas por la tensión de los músculos de la nuca, son síntomas que nos están diciendo a las claras que, en nuestras vidas, hay algo muy equivocado y perjudicial.

¿Tensión física... y/o tensión emocional?

Vamos a hablar de aquí en adelante, exclusivamente de los aspectos físicos, mecánicos, que contribuyen a toda la serie de afecciones enumeradas en el párrafo anterior. No trataremos los aspectos psicológicos, que son dominio absoluto del especialista en la materia: un buen tratamiento psicológico, que actúe como apoyo de nuestro trabajo corporal, desde luego será un excelente aliado para nuestra propuesta de reeducación física. Sin embargo, subrayamos, lo mejor es, para tratar ese aspecto, concurrir a la consulta de un psicólogo, quien es el especialista más adecuado para tratar el estrés de origen psíquico.

Es una ley de la naturaleza que, una vez generada una fuerza, ésta debe manifestarse para que sea posible su eliminación, su disolución, su dispersión. Esta ley natural se cumple también en nosotros, por supuesto: ¿cómo podría ser posible algo diferente? Somos los seres humanos parte de la naturaleza, del mismo modo y en el mismo grado que los minerales, las plantas y los animales.

No confiemos exclusivamente en nuestra sencilla tabla de ejercicios y hábitos de higiene postural para eliminar nuestros dolores dorsales, dado que ellos pueden tener un origen psíquico: a este tipo de tensión lo llamamos "estrés psicógeno", porque está su comienzo en traumas de la mente, que al no poder expresarse a través de otros medios, se plasma corporalmente, se vuelve un síntoma físico.

Sin entrar en discusiones metafísicas que no tienen ningún lugar aquí, sabemos sin embargo que algo nos diferencia de los animales, incluso de aquellos que ocupan los niveles superiores. Ello consiste en el alma, para unos, la mente, para otros. Llamaremos a este factor, aquí, en este trabajo, simplemente la mente, sin intención alguna de discriminar las creencias de nadie que esté leyendo estas palabras. Como sea que queramos llamar a este factor que es intrínsecamente humano, es él aquello que nos diferencia cabalmente de los demás componentes de la naturaleza. Es un bien precioso, pero como muchos bienes, su posesión implica también algunos riesgos. En el caso de este bien precioso el peligro mayor no es su pérdida, dado que nunca perdemos nuestra condición humana, aun en los casos más terribles y las situaciones más espantosas que debamos soportar, esa condición nuestra es algo inamovible.

El riesgo que puede afectar a nuestra mente abarca enfermedades mentales diversas –que no nos interesa comentar aquí– pero también afecciones más o menos pasajeras, propias de personas psíquicamente sanas, que se encuentran en algún momento de sus vidas alteradas por estos problemas. En el plano físico, estas afecciones son comparables a lo que le pasa a una persona sana que, de pronto, contrae un fuerte resfrío o una gripe severa. Con cuidados adecuados, estas afecciones pasajeras no degenerarán en algo mayor, severo y peligroso y serán meramente un episodio molesto que alterará durante una determinada etapa nuestras vidas. A este tipo de afecciones pertenece el estrés, con toda probabilidad, la más extendida afección de su categoría. Consiste en una tensión de grado variable, que participa de ambos campos: el estrés afecta al mismo tiempo al cuerpo y la mente y su lamentable aparición no hace más que demostrar que somos una unidad que aparece dividida en dos partes –el cuerpo una y la mente la otra– pero que ello es una mera apariencia y nada más.

El estrés, el dolor de espalda y nosotros

El estrés, pese a lo molesto que resulta sobrellevarlo a él y a sus penosas consecuencias es, sin embargo, en principio algo muy natural y necesario: una respuesta adaptativa, un estado especial que surge como respuesta a un estímulo proveniente del exterior o del interior del individuo. Este estímulo puede ser una señal de peligro: veo una escena sospechosa en una esquina a la que me acerca el rumbo de mi paso y mi cuerpo y mente responden con un "estrés bueno". Gracias a este "estrés bueno" mi mente está alerta, mis cinco sentidos pendientes de obtener información respecto de la escena que me alarma; de algún modo, mientras dura el "estrés bueno", veo, oigo, tacto y gusto "mejor"; hasta mi adormecido olfato parece despertar por un momento para brindarme información adicional. Además, todo mi cuerpo está listo por si debe hacer un esfuerzo adicional: la musculatura de la espalda, los hombros, las piernas y los brazos están en alerta roja, tanto para huir como para atacar o defender al organismo de una posible agresión. El estómago ha detenido su trabajo: la digestión puede esperar, y los intestinos también han parado su labor momentáneamente: no es momento para intentar eliminar impurezas y residuos, eso se hará después. La musculatura del ano cierra el esfínter (músculo de forma redonda) para evitarlo. El corazón incrementa sus pulsaciones y hasta podrá duplicarlas si la información respecto de la escena sospechosa parece confirmar la supuesta amenaza. Los músculos en tensión necesitan una cuota extra de oxígeno y allí está nuestro fiel miocardio llevándoselo a través de oleadas aceleradas de sangre. Por otra parte, como el "estrés bueno" sigue aumentando a medida que el ritmo de mi paso me dirige directo hacia donde tiene lugar la escena, una verdadera orgía de actividad se ha desatado en mi interior, donde las glándulas endocrinas y exocrinas están redoblando sus actividades. Las exocrinas son aquellas glándulas que secretan sustancias al exterior de mi organismo. Un grupo de ellas, las sudoríparas, están trabajando a pleno: el calor de mi aumentado metabolismo requiere refrescar al cuerpo y para ello traspiro profusamente. Por su parte, las glándulas endocrinas son todas aquellas que vierten las sustancias que producen directamente dentro de mi organismo. Un grupo muy importante de ellas derrama poderosas dosis de una sustancia extraordnaria al torrente sanguíneo: se llama adrenalina y unos pocos miligramos de ella obran milagros en un cuerpo cansado como el mío, que hace minutos soñaba con un sillón mullido y ahora está en completa y creciente tensión. Todo ello, y mucho más, gracias a la adrenalina, que es algo así como "el ama de llaves del estrés", la que le da la bienvenida a este estado especial y le permite usar todas las porciones de mi organismo.

Sin embargo, fuera de mi cuerpo, en el medio ambiente que me rodea, algo extraño ha sucedido. Cuando faltan pocos metros para llegar a la escena sospechosa que vengo observando y vigilando para orientar mi conducta inmediata según evalúe su peligrosidad, compruebo que el peligro no es tal. Mis sentidos, mi imaginación o algunos otros factores que no alcanzo a comprender me han alarmado en vano. Sí, ha sido ésta una falsa alarma. No hay nada que temer. El cerebro, que está puesto en control automático desde que la señal de alarma se ha establecido, también automáticamente ha ordenado al organismo "volver a posición de descanso" y los distintos órganos, la musculatura, las glándulas, y cuando otro elemento participó del simulacro general acepta –por lo habitual, inmediatamente– este pedido de "rompan filas". Los músculos se relajan. El corazón vuelve paulatinamente a su ritmo normal de pulsaciones. Los procesos digestivo y excretorio retoman sus trabajos. La adrenalina y las otras sustancias secretadas por las glándulas endocrinas dejan de fluir extrordinariamente y su elaboración vuelve a los niveles habituales y rutinarios. Mis sentidos pierden los "poderes especiales" que les dio el "estrés bueno" y entonces veo, huelo, tacto, gusto y oigo mediocremente de nuevo. También otra vez, mi pensamiento que se había concentrado sólo en afrontar el posible peligro se relaja y se vuelve desvaído y disperso. Soy un hombre común, relajado y distraído, que simplemente va hacia su casa. Los mecanismos que regulan mis estados de estrés funcionan a la perfección. Una suerte para mí, pues mantener el estado de estrés más allá de lo necesario resultaría extremadamente dañino para mi organismo y mi mente en general. Mi corazón, obligado a seguir bombeando sangre extra cuando ya la musculatura general no la necesita, se vería prontamente afectado por una multitud de afecciones cardíacas, así como mis venas y arterias. Entre otros muchísimos males que me acarrearía este anómalo estado, el "estrés malo", podemos llamarlo, figuraría en primera línea un intenso dolor de las distintas partes de mi musculatura, obligada por el desperfecto en mis mecanismos de alarma/tranquilización a una tensión continuada y sostenida.

La consecuencia directa: unos terribles dolores de espalda, una contractura más o menos generalizada, dolores lumbares y cervicales, que a su vez originan fuertes dolores de cabeza, al comprimir los músculos tensionados del cuello, la nuca y los hombros, los nervios y los vasos sanguíneos que irrigan el cerebro. Pero, ¿qué falló en mí para provocar esta catástrofe?

Las causas de este desperfecto en la sincronización del cambio de estado de estrés a "rutina de funcionamiento normal" pueden ser varias. Las de origen psicógeno son el campo de trabajo del psicólogo, que investigará las causas de orden psíquico que impiden la relajación normal del individuo y cuya descripción escapa a los alcances de este trabajo. Las de origen orgánico, son de competencia exclusiva del profesional médico especializado.

Nosotros nos ocuparemos, a continuación, de guiar a quienes no tienen una causa determinante de origen psíquico u orgánico, para que pueda prevenir los dolores de espalda, las molestas contracturas y otros males dorsales, lumbares y cervicales, originados simplemente en malas posturas y equivocados movimientos que, para nuestra desgracia, repetimos todos los días, con las consecuencias que ya conocemos.

Otro asunto es el alcance de una buena y efectiva prevención

Básicamente, con las siguientes sencillas indicaciones tenderemos a mejorar nuestra postura general al realizar las tareas cotidianas y reeducaremos a nuestro cuerpo para que "aprenda de nuevo" cómo sentarse, como caminar, de qué manera levantar cargas y pesos, cómo dormir en una posición cómoda y favorable para la buena salud de nuestra columna vertebral y muchas otras fáciles maneras de hacer lo mismo que hacemos todos los días, pero sin hacernos daño.

Usted debe aprender nuevamente

- Levantarse de la cama
- Ponerse de pie
- Higienizarse
- Caminar
- Correr
- Realizar trabajos físicos
- Realizar trabajos intelectuales
- Comer
- Realizar deportes
- Entrar a la cama
- Levantarse de la cama
- Dormir

Tenemos que entender, antes de aplicarnos a este trabajo de reeducación de nuestros hábitos posturales y acostumbrados movimientos, que los ejercicios son fáciles de aplicar y muy sencillos de realizar, y que la clave de nuestra mejoría es la paciencia y la regularidad de la práctica.

Así como quienes acuden por primera vez a un gimnasio, suelen tener la fantasía de que en una semana o a lo sumo dos, lograrán lucir un cuerpo torneado, de dura musculatura, de donde naturalmente habrá desaparecido, como por arte de magia, esa molesta y avergonzante gordura abdominal, también quienes encaran llenos de expectativas cualquier sistema para mejorar su calidad de vida física sueñan con resultados inmediatos. Y es este un grave error, que puede conducirnos a exagerar las prácticas, sobreexigirnos y obtener así antes un perjuicio que el beneficio buscado.

Paciencia y regularidad son los dos lados del camino que nos llevará al éxito, dejando atrás esos dolorosos problemas de nuestra espalda y cuello, entre otros, porque la reeducación corporal y postural tiene un benéfico efecto sobre el conjunto de nuestra estructura física. Al movernos y al trabajar más relajados, respiraremos mejor, y nuestra sangre se oxigenará más y nuestra mente estará en mejores condiciones para sobrellevar las exigencias de una jornada normal.

Por otra parte, pensemos en un detalle no menos importante: a nuestro cuerpo le demandó años aprender a realizar malos movimientos; tardó un prolongado tiempo que "memorizara" las posturas erróneas. De algún modo, para ello tuvo que abandonar las posturas y movimientos naturales, aquellos que realiza un niño de pocos años, sin pensarlos, y que están dispuestos por la naturaleza misma como una guía efectiva para lograr el mayor aprovechamiento de nuestras fuerzas con el mínimo esfuerzo, una de las leyes más sabias que la guían. Y ese erróneo aprendizaje fue arduo también, y prolongado. Por suerte, la prevención de los dolores de espalda y las molestas contracturas se basa en la recuperación de aquellas posturas y esos movimientos que conocíamos y que por una pésima elección –de la que, por otra parte, nunca fuimos conscientes– abandonamos.

El "reloj" del movimiento

Nuestra jornada está regida por un reloj que indica la necesidad de realizar determinados movimientos y adoptar ciertas posturas corporales, más o menos iguales, más o menos repetidas, que se producen todos aproximadamente a la misma hora.

Podemos trazar, así, un reloj imaginario, que sólo abarca una hora, y que "cada seis minutos", el período de alternancia de cada cambio, indicará posturas y movimientos que nos resulta necesario realizar.

Esto, por supuesto, es solamente una figura ideal, cuyo único fin consiste en hacernos más fácil la comprensión de nuestro trabajo de reeducación postural y cinética.

Así, en nuestro "reloj del movimiento", es la hora cero el momento en que despertamos y nos levantamos de la cama

Hora cero. Levantarse de la cama

Si usted no es una de esas personas que acostumbran dormir en posiciones antinaturales o no sufre de algún problema óseo, lo más probable es que durante el sueño su organismo haya adoptado por sí mismo, sin la intervención de su voluntad o su conciencia, aquellas posturas que son más confortables y convenientes tanto para el descanso de su columna vertebral como para el resto de su cuerpo. Es por ello que descansamos tanto cuando dormimos: nuestro cuerpo sabe perfectamente qué debe hacer para encontrar la mejor posición. Pero tome en cuenta que está por dar un paso muy arriesgado, inmediatamente después de despertarse. Está a punto de sacar a su cuerpo de una posición natural y "obligarlo" a hacer toda una serie de movimientos conducentes a ponerse de pie y comenzar a desarrollar todos los trabajos del día. Esta sola certeza, ya de por sí, produce un necesario estado de estrés (el estrés bueno al que nos referimos antes) del todo necesario como para que su cuerpo adopte una tensión que necesita para tonificar sus músculos tras ocho horas o más de completa quietud. Sin embargo, deben proceder con extremo cuidado. Sus movimientos deber ser primero lentos, para ir adquiriendo luego, gradualmente, la velocidad y sincronización que necesitan. Jamás ponga el práctica esa perniciosa costumbre de muchas personas, hoy en día, que entienden que el acto de despertarse consiste en ponerse bruscamente de pie de un salto. Ello afectará a todo su cuerpo como si recibiera una descarga eléctrica o algo peor. Si hace esto, prepárese para sufrir desde una contractura generalizada desde los hombros hasta la zona lumbar hasta un desgarro muscular, con las consecuencias que puede imaginarse.

Lo más correcto es proceder, partiendo de la misma posición en que se despertó, a estirar muy suavemente, sin llegar la primera vez a alcanzar su mayor extensión, primero los brazos, de a uno por vez. Luego las piernas, también de a una por vez, y recuerde la regla de oro: despacio, por favor, despacio, muy despacio. A continuación, haga rotar su cuello tan lentamente como lo hizo antes con la extensión de sus brazos y piernas. Luego sí, apoyando firmemente sus brazos y sus piernas en el colchón, gire de lado –despacio– hasta tumbarse sobre uno de sus costados. Lentamente, estirará su columna vertebral dos o tres veces, con una pausa tan larga entre cada ejercicio como el estiramiento anterior. A continuación, siempre despacio, se irá incorporando hasta quedar sentado sobre la cama. Descanse un minuto o dos, con la espalda recta pero sin tensionar. Emplee las fuerzas de sus piernas –son la porción más poderosa de su organismo– para ponerse de pie, lentamente. Tome en cuenta que está levantando su peso sobre ellas, pero que si no lo hace empleando las piernas, el peso se repartirá entre ellas y la musculatura de su espalda y será esta última la que saldrá perdiendo.

Seis minutos. Ponerse de pie

El simple trabajo de estar de pie, implica para la columna vertebral un delicado trabajo de resistencia y equilibrio.

Cuando estamos erguidos, una muy mínima tensión es la que soporta si se sostiene la cabeza en alto y se adelanta apenas la barbilla. Esta posición mantiene en posición cómoda la espina cervical. Se trata de una postura correcta y saludable, dado que la espalda mantiene una curvatura mínima, sin encontrarse doblada ni arqueada.

También es importante conservar el estómago dentro y mover las caderas hacia atrás, imprimiéndole a la pelvis un movimiento orientado hacia adelante. Es necesario comprimir los músculos de los glúteos sin que ello represente un esfuerzo. Ponerse de pie de esta manera amenguará la presión ejercida sobre la columna vertebral.

A causa de su trabajo, muchas personas deben permanecer de pie durante largas horas. Tal es el caso de los meseros, los policías, militares, enfermeros, obreros fabriles, empleados de tienda y otros muchos más.

Verse obligado por razones laborales a permanecer de pie durante horas incrementa el esfuerzo de curvatura de la espina dorsal, a la vez que comprime las articulaciones, ambas situaciones muy dañinas para el organismo.

Los músculos del abdomen prontamente se cansan y ello los lleva, por un proceso natural, a relajarse y descansar, "pasándole" el trabajo que venían haciendo a otras porciones del cuerpo. Esto lleva a que la pelvis se desplace. Transcurrido poco tiempo, la obligación de mantener la misma postura hace que las vértebras contribuyan a que la espina dorsal se arquee.

Si no se puede evitar estar de pie por largo tiempo, se debe tratar de no pararse en la misma posición por un período prolongado. Otra buena forma de aliviar la presión que sufre la columna vertebral para mantener la posición de pie es permanecer erguido con uno de los pies descansando más alto que el otro, apoyado en una barandilla o algún otro soporte bajo. Debemos alternar la posición de uno y otro pie. Es este un ejercicio muy simple que nos dará muy buenos resultados con un mínimo de esfuerzo físico.

Consejos para cuidar su espalda estando de pie:

- Cada media hora flexione las piernas.
- Cada hora realice flexiones de las piernas y el cuerpo, tratando de tocarse las puntas de los pies con las puntas de los dedos.
- Los zapatos que emplea son una parte muy importante de la terapia de prevención de sus dolores de espalda. Jamás use zapatos de tacos altos cuando deba permanecer mucho tiempo de pie.
- Es preferible usar calzado deportivo de suela flexible que emplear zapatos de cuero con suelas rígidas. Estos últimos disminuyen el contacto de sus pies con el piso y ello obliga a su columna a realizar un esfuerzo para el que no fue diseñada. Recuerde que fuimos hechos para andar descalzos.

Doce minutos. Higienizarnos

Un momento de los tantos en los que descuidamos durante toda la jornada la salud de nuestra espalda y de nuestra musculatura dorsal, es aquel que empleamos para ducharnos, afeitarnos, maquillarnos, peinarnos y lavarnos los dientes. Sin quererlo, tendemos a inclinarnos excesivamente hacia delante frente al espejo, o a curvar la espalda mientras nos encontramos bajo el agua de la ducha. En vez de hacer esto, la posición correcta es inclinarnos, sí, pero muy levemente, al tiempo que mantenemos la espalda convenientemente recta. Sólo nuestro cuello, adelantando apenas la frente y escondiendo apenas la barbilla, son las porciones de nosotros que se inclinan.

Veinticuatro minutos. Caminar/sentarnos

Caminar

Distribuir el peso del cuerpo, durante la marcha, oscilando entre una de las piernas y la otra. La columna vertebral, desde luego, recta, pero sin presionar la musculatura de la espalda ni la de la región lumbar en un esfuerzo excesivo. Debe ser lo más natural posible y la barbilla debe estar fuera de la línea del mentón al estómago, ligeramente apuntada hacia delante. Los brazos deben tener un ligero movimiento de atrás hacia delante, casi como si estuviera empleando bastones de esquí. Este movimiento de los brazos ayuda a distribuir el peso del cuerpo más equitativamente durante la marcha.

Sentarse:

Cuando sea posible, la silla donde se siente debe poseer brazos para aliviar la presión que las extremidades superiores aplican a la columna vertebral. También deben la silla o el sillón elegidos tener un soporte para la zona lumbar. Evite cuidadosamente emplear para sentarse banquetas o puffs, que poco soporte brindan para el peso de su cuerpo.

Si desempeña un trabajo donde es imprescindible que permanezca sentado por largos períodos, usted debe levantarse y caminar por unos tres minutos cada media hora.

Asimismo, debe evitar inclinarse en su silla. Esto es terrible para su espalda.

Tome en cuenta los siguientes consejos:

- Cuando vaya a sentarse, emplee los músculos de las piernas para hacer descender el cuerpo.
- Inicialmente, quédese sentado en el borde de la silla.
- Luego emplee los músculos de los glúteos para desplazar el cuerpo hacia la parte trasera de la silla o sillón.
- Cuando quiera ponerse de pie, desplace su cuerpo hacia el borde de la silla.
- A continuación, inclínese hacia delante y mantenga la espalda recta en el siguiente movimiento: separarse de la silla y flexionando las rodillas hacia arriba, ponerse de pie.

Treinta minutos. Realizar trabajos físicos

Levantar pesos: antes de levantar un objeto, cualquiera sea su peso, decida hacia dónde lo va a llevar y asegúrese de que no tenga obstáculos en el camino antes de levantar el objeto. Si éste es muy pesado o demasiado grande, es preferible que consiga ayuda mecánica o humana para realizar la tarea. En caso de que el objeto no sea demasiado pesado para usted, póngase de pie cerca de él y mantenga los pies separados para asegurar la buena posición de los mismos. Doble las rodillas. Mantenga su espalda derecha y no trate de doblarse por la cintura, puesto que esto incrementa la tensión sobre la espalda. Comprima sus músculos abdominales al momento de levantar el objeto, asiéndolo firmemente. Recuerde que sus músculos abdominales ayudan a apoyar su espalda. Levante la carga con el esfuerzo de sus piernas: recuerde que son la parte más poderosa de su organismo. Sostenga la carga cerca de su cuerpo y no trate de doblar la cintura mientras esté cargando el objeto. Realice movimientos acompasados y evite todo movimiento brusco. Cuando llegue a la meta de su trabajo, deposite el objeto sobre la superficie elegida -el piso, una mesa, un montacargas, etcétera- siguiendo la secuencia de movimientos que empleó para alzarlo en secuencia inversa.

Treinta y seis minutos. Realizar trabajos intelectuales

Al realizar trabajos de índole intelectual, como las largas horas que pasamos escribiendo frente a la computadora, corrigiendo expedientes o controlando documentación en la oficina, inclusive aunque hayamos adoptado en un inicio la posición correcta (ver las recomendaciones antedichas para sentarnos) tendemos involuntariamente a inclinar el cuerpo hacia delante, para ver mejor la pantalla de la computadora o enfocar la visión en un detalle del escrito que tenemos delante que nos ha llamado la atención. Esto es severamente perjudicial para la salud de nuestra musculatura dorsal, del mismo modo que obliga a la zona lumbar a realizar un esfuerzo inusitado a fin de mantener el peso de la mitad del cuerpo que está fuera de su centro de gravedad. Asimismo, nuestro cuello sufrirá las consecuencias, dado que sus músculos estirados hacia delante, en una posición completamente antinatural, permanecerán en tensión de forma completamente innecesaria.

Los músculos del cuello sometidos a una mala tensión se inflaman y comprimen los vasos sanguíneos pudiendo provocar dolor de cabeza

Por su parte, la espina dorsal perderá su posición relajada y las vértebras que la componen estarán expuestas a una tensión extra, con los consiguientes dolores que aparecerán antes de que termine la jornada laboral. En vez de todo este innecesario derroche de energías, es conveniente que adoptemos la posición indicada para sentarnos correctamente, afirmando la espalda –siempre recta– contra el espaldar de la silla de trabajo. Los brazos deberán estar a la altura misma que el escritorio, sin fatigar innecesariamente su musculatura. Un escritorio demasiado alto o demasiado bajo, además de fatigar los músculos del brazo, tensionará la musculatura del cuello, los hombros y la espalda, así como la zona lumbar. Recuerde que las piernas deben apoyarse firmemente en el piso, debajo del escritorio y debemos cambiarlas de posición cada tantos minutos. Otro aspecto que hemos de tomar en cuenta antes de comenzar a trabajar en la oficina, es que todos los objetos que vayamos a necesitar para desempeñar nuestras labores deben estar a nuestro más cómodo alcance.

Cuarenta y dos minutos. Comer

Para desayunar, almorzar, merendar o cenar, es conveniente que tengamos en cuenta las reglas antedichas referentes al sentarnos y al desempeñar trabajos de oficina. También a la mesa, nuestra posición debe ser relajada y natural, sin encorvamientos y con todos los utensilios y viandas que vayamos a utilizar cerca nuestro, a fin de evitar los ya referidos y temibles estiramientos, esta vez para alcanzar el pan o servirnos una bebida.

Cuarenta y ocho minutos. Realizar deportes

Mucha gente daña su espalda cuando participa de deportes y ejercicios. Desde luego, es difícil estar atentos a la postura y la mecánica del cuerpo mientras se participa de un partido de fútbol, un *single* de tenis o una tenida de básquet entre amigos. Aunque muchas veces tomemos en cuenta algunas precauciones, de por sí estos deportes y otros que solemos practicar entrañan ya suficientes riesgos de desgarros y esguinces.

Reglas básicas para cuidarnos mientras hacemos deportes:

- Realizar siempre, antes de participar en cualquier tipo de deporte, previas prácticas de calentamiento de los músculos, estiramiento y elongación. Una breve carrera en torno de la pista, manteniendo la espalda recta y sin saltar ni apresurarnos demasiado, puede ser un eficaz preventivo de otros daños, amén de adecuar nuestra tonicidad muscular y el ritmo de nuestra respiración para el ejercicio físico que vamos a realizar.
- Mantener la espalda recta, en toda la medida de lo posible, mientras practicamos nuestro deporte favorito. Cualquiera de las disciplinas deportivas ofrece momentos alternados de relajación y actividad: los primeros son una excelente oportunidad para relajarnos, antes del siguiente esfuerzo. No solamente nuestro cuerpo nos lo agradecerá, sino que estaremos en mejores condiciones físicas para cumplir con los objetivos deportivos.

Cincuenta y cuatro minutos. Entrar a la cama

Como inicio de los movimientos que van a llevarnos a lograr una cómoda postura, la más adecuada para dormir, debemos sentarnos en el costado de la cama con las palmas de las manos apoyadas firmemente sobre su superficie. Con la ayuda de nuestros brazos, haremos descender el cuerpo lentamente, hasta que quede apoyado cuan extenso es sobre la superficie del colchón. Como lo hacemos al despertar, al ir a acomodarnos para dormir lo mejor es realizar unas suaves extensiones de las extremidades superiores primero y de las inferiores después, siempre muy suavemente. Luego, estiramos lentamente nuestra espalda y luego adoptamos la posición más cómoda y relajada.

Sesenta minutos. Dormir

Muchos terapeutas coinciden en señalar que la mejor postura para dormir es hacerlo de costado, tumbado sobre uno de los lados. Lo cierto es que hacerlo boca abajo resulta muy poco recomendable, dado que en esta posición los músculos dorsales tienden a acortarse y ello puede desembocar en serias contracturas, tras varias horas de permanecer en dicha posición.

Consejos para dormir mejor y sin dañar su espalda:

- Si decide dormir tumbado sobre su espalda, boca arriba, descansará mejor colocando un pequeño almohadón bajo sus rodillas.
- Si opta por hacerlo boca abajo, coloque un almohadón pequeño debajo de su estómago.
- Si prefiere dormir echado sobre uno de sus costados, coloque el almohadón entre sus rodillas.

Métodos rápidos de aliviar el dolor de espalda

Complementamos la secuencia preventiva con unos prácticos ejercicios destinados a aliviar en dolor de modo natural.

Ejercicio 1

Posición de relax boca arriba

- Colocarse de espaldas con las piernas extendidas.
- Colocar una toalla doblada debajo de la porción media de la espalda.
- Colocar los brazos por encima de la cabeza, extendidos.

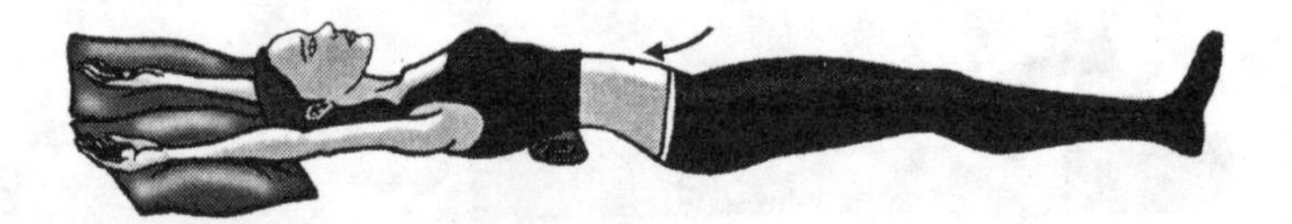

Ejercicio 2

Posición de relax boca abajo

- Tumbarse sobre el piso.
- Colocar un almohadón plano debajo del pecho, apoyando la cabeza y el cuello sobre él.

Ejercicio 3

Flexión hacia atrás

- Erguido, aplicar ambas manos sobre la región lumbar.
- Lentamente, inclinarse hacia atrás con las piernas estiradas.
- Mantener esta posición cuatro segundos.
- Repetir el ejercicio tres veces, siempre con suavidad y respirando tranquilamente.

Ejercicio 4

Echado sobre el costado

- Acostarse sobre el piso, apoyando en él el lado izquierdo.
- Enrollar una toalla y colocarla entre la cadera y las costillas del lado izquierdo.
- Estirar el brazo derecho por encima de la cabeza.
- Repetir la posición a la inversa.

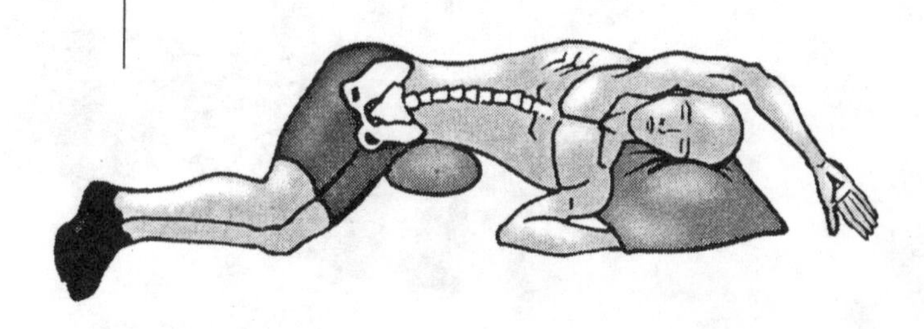

Ejercicio 5

Flexión boca abajo

- Colocarse boca abajo y aplicar una almohada bajo el abdomen.
- También se logra el mismo efecto de relajación poniéndose de rodillas y apoyando la mitad superior del cuerpo sobre una cama.

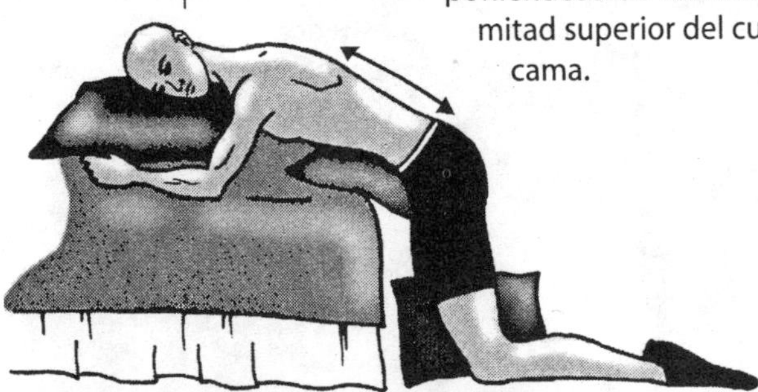

Ejercicio 6

Trabajando la descompresión

- Apoyarse contra una pared.
- Separar los pies.
- Agacharse doblando las caderas y rodillas suave y lentamente, echando los glúteos hacia atrás.
- Poner las manos sobre los muslos y apoyarse en ellas.
- Empujando con los brazos, relajar los músculos de la espalda.

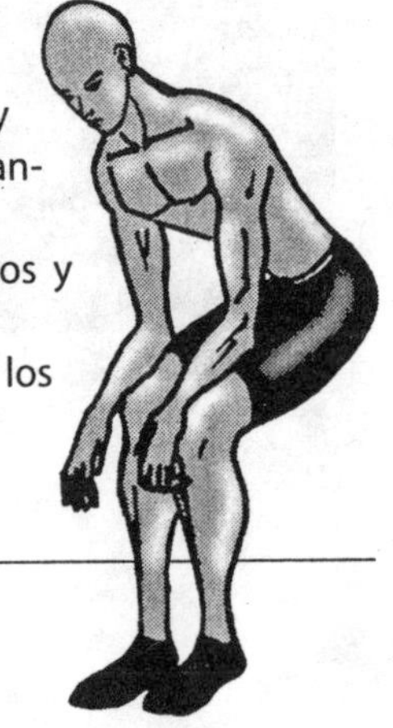

IMPORTANTE: recuerde que en esta posición son los brazos quienes deben soportar el peso y no la columna vertebral.

Ejercicio 7

Descanso sobre un mostrador

- Primera posición: erguido frente a un mostrador o una mesa.
- Haga descender suavemente la mitad superior del cuerpo hasta apoyarla íntegramente sobre la mesa o el mostrador.
- Extienda los brazos por delante de la cabeza.

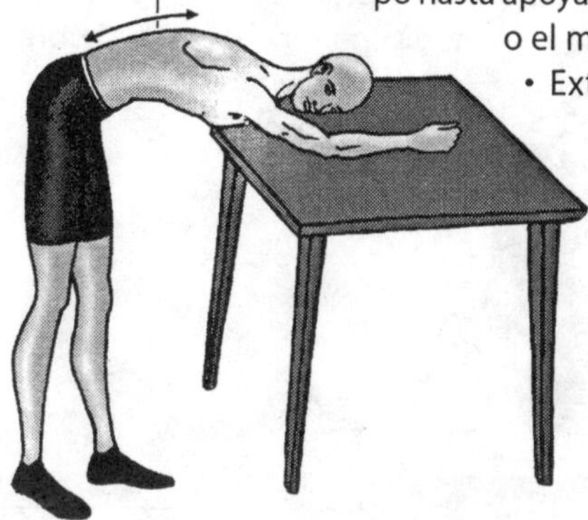

IMPORTANTE: realice todos estos movimientos muy lentamente.

- Permanezca en esta posición veinte segundos.
- Enderece su cuerpo también muy lentamente.
- Ejecute nuevamente esta posición, paso a paso, no menos de cuatro veces.

Trabajar con computadoras no implica un riesgo mayor de sufrir dolor de espalda, siempre y cuando quien las usa lo haga adoptando una postura adecuada.
Por el contrario, el trabajo desarrollado ante una computadora, si no se adoptan las reglas elementales de una buena higiene corporal, sí puede originar serios y hasta graves inconvenientes para aquel que, por descuido o ignorancia de las reglas antedichas, desarrolla su trabajo sin tomarlas en cuenta.

Asimismo, en el aspecto psíquico de la persona que sufre este tipo de dolor de espalda originado por su postura errónea ante la computadora, es muy común que surjan ideas y creencias que poco contribuyen a aliviar el dolor y mucho a agravarlo. Ellas son:

- Tender a un bajo estado de ánimo.
- Creer que el dolor indica siempre una lesión de gravedad mayor.
- Estimar que el dolor va a persistir indefinidamente.
- Reducir la actividad física.
- Desarrollar una mala relación con el resto de los compañeros de trabajo y los superiores jerárquicos.
- Abusar de la medicación analgésica.
- Dejar de desarrollar las tareas que se supone que incrementan el dolor.
- Creer que el dolor va a limitar las capacidades laborales y calidad de vida.
- Tener poca confianza en uno mismo para controlar el dolor.

Si surge el dolor de espalda y no se implementan las medidas indispensables para evitar los riesgos que conlleva, éste puede volverse crónico. En este sentido, debemos contemplar no sólo el padecimiento que sufren las personas, sino, a una escala económica y más general, el perjuicio material que este tipo de dolencias ocasionan a la sociedad en su conjunto. Es habitual que el dolor se repita con mayor frecuencia y más extendida duración, reduciendo simultáneamente y en igual proporción las capacidades laborales del sufriente.
Veamos cuáles son los enemigos de nuestra salud, cuando trabajamos frente a la pantalla:

- **Falta de actividad física.** La falta de actividad física reduce los reflejos, permitiendo que los músculos se contraigan inadecuadamente, facilitando su contractura.

- **La postura.** Sentados frente a la computadora, el disco intervertebral sufre más carga. Como es flexible, la posición de sentado contribuye a aumentar la presión sobre la parte posterior. La postura puede aumentar el peligro de que el disco intervertebral se fisure o se deforme, surgiendo una fisura o una hernia discal. Habitualmente, los músculos de la espalda protegen el disco intervertebral, pero el peligro se acrecienta si ellos no son lo suficientemente fuertes, como suele suceder en el caso de las personas que llevan una vida sedentaria y no practican actividades físicas ni deportes de ninguna clase.
- **Una mala higiene postural.** Las posturas incorrectas acrecientan la presión sobre el disco intervertebral e incrementan el esfuerzo que deben realizar los músculos de la espalda.

Para realizar una edecuada prevención del dolor de espalda, aquellas personas que trabajan con computadoras pueden observar estas fáciles reglas:

- **Realizar actividad física.**
- **Implementar las reglas de una correcta conducta postural. Esto implica, además de sentarse con la espalda recta, relajadamente y gozando de una buena iluminación, que cada cada 45 minutos el usuario de la computadora abandone su tarea por un instante y realice suaves flexiones.**
- **Desarrollar la musculatura de la espalda.**

Capítulo 3

Yoga y tai chi se complementan para sanar nuestra espalda

Desde hace ya décadas, en Occidente han causado sensación los extraordinarios resultados que han dado, para curar multitud de dolencias del cuerpo y de la mente, técnicas venidas de Oriente.

Algunas de ellas, como el yoga, que proviene de la India, se han revelado como eficaces colaboradores a la hora de encontrar una cura a las tensiones y malestares que, cotidianamente, acechan nuestra tranquilidad y la salud de nuestro organismo. Del mismo modo, el tai chi, un sistema de armonización física y mental llegado de China, ofrece posibilidades similares.

En su país de origen, centenares de millones de personas practican tai chi consecuentemente, dos veces al día, para lograr la máxima relajación y el mayor bienestar.

Entre las amplias posibilidades que ofrecen estas milenarias técnicas de relajación, hemos elegido aquellas que mayormente pueden contribuir a mejorar la salud de nuestra espalda y librarnos de las contracturas. Las hemos combinado para brindarle al lector una guía básica, multidisciplinaria, donde las virtudes de ambas disciplinas de Oriente se combinan para obtener el éxito en nuestra lucha contra esta extendida y molesta dolencia. Estas disciplinas -de más está decirlo- en su país de origen se han convertido en una formidable respuesta a este tipo de trastorno, común en todas las sociedades contemporáneas.

Iniciaremos nuestra práctica con unos sencillos ejercicios de tai chi, entre los que se intercalan procedimientos venidos del yoga.

Primera Serie (tai chi)

El espiral del sueño

- De pie, con la espalda recta y los pies juntos, las rodillas estiradas.
- Las manos a la cintura, los dedos apuntando a la zona lumbar detrás del cuerpo.

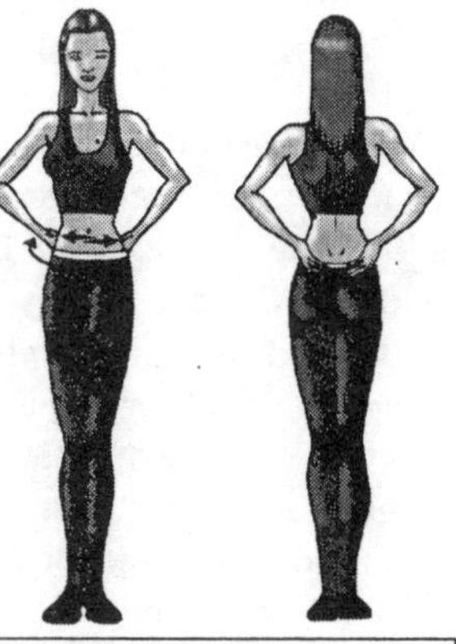

Segunda Serie (tai chi)

El vórtice de la energía

- Erguido el cuerpo, con los pies en paralelo pero separados.
- Colocar las manos a los costados de la cadera.
- Con la mano derecha, empujar la cadera hacia la izquierda realizando 18 rotaciones. La cadera debe seguir una trayectoria hiperbólica, como trayando un óvalo imaginario.
- Con la mano izquierda, empujar la cadera hacia la derecha realizando 18 rotaciones. La cadera debe seguir una trayectoria hiperbólica, como trayando un óvalo imaginario, igual que en el paso anterior, pero en espejo del mismo.

Tercera Serie (yoga)

La posición del escorpión

- Acuéstese sobre su espalda.
- Coloque una almohada pequeña bajo su cabeza.
- Coloque una toalla gruesa bajo su nuca, enrollada como un tubo.
- Flexione la rodilla derecha y coloque el pie derecho por encima de la rodilla izquierda.
- Haga girar hacia la izquierda su cuerpo, hasta que la rodilla derecha toque la superficie sobre la que está tumbado.
- Coloque la mano izquierda sobre la rodilla derecha y mantenga firme la rodilla.
- Haga descender el hombro derecho hacia la superficie de apoyo.
- Levante el brazo derecho en dirección hacia arriba y luego, hacia detrás de su cuerpo. Respire con calma y sin esforzarse, manteniendo la posición unos quince segundos.
- Luego haga descender el brazo derecho hasta tocar el suelo.
- Girar despacio la espalda hacia el lado derecho.
- Volver lentamente a la posición inicial.
- Repetir toda la secuencia invertida.
- Repetir ambas secuencias cuatro veces más.

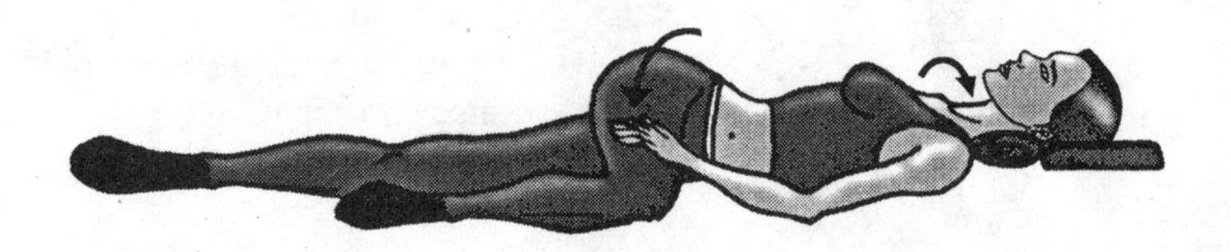

Cuarta Serie (tai-chi)

La invocación de la fuerza

- Erguido, con los pies en paralelo y las manos a los costados.
- Levantar ambos brazos hasta la altura de los hombros y hacerlos girar, de modo tal que las palmas queden hacia arriba.
- Acercar las palmas hasta que se toquen y luego separarlas unos quince centímetros.
- Llevar ambas manos al pecho hasta tocarlo y luego volverlas a la posición anterior. Sostener esta posición quince segundos.
- Bajar las manos hasta que vuelvan a estar a los costados.
- Levantar ambos brazos hasta la altura de los hombros y hacerlos girar, de modo tal que las palmas queden hacia arriba; acercar las palmas hasta que se toquen y luego separarlas unos quince centímetros.
- Llevar ambas manos al pecho hasta tocarlo y luego volverlas a la posición anterior. Sostener esta posición diez segundos.
- Repetir toda la secuencia cinco veces más.

Quinta Serie (yoga)

El círculo de la tranquilidad

- Acostarse de espaldas sobre el suelo, con las rodillas dobladas y los pies ligeramente separados y en contacto con las nalgas. Las plantas de los pies deben apoyarse en el suelo. Los tobillos deben ser sujetados con las manos, manteniendo la espalda y la cabeza en contacto con el suelo.
- Levantar las caderas suavemente.
- Mantener la cabeza y los hombros firmemente apoyados en el suelo sin soltar los tobillos.
- Las caderas se levantan lo más alto que resulte posible.
- Respirar profundamente .
- Volver lentamente a la posición original.
- Descansar durante un minuto, respirando siempre profundamente.
- Durante el descanso, visualizar la columna vertebral como un tren detenido, en el cual las vértebras son los vagones perfectamente conectados unos con otros.
- Repetir este ejercicio (preste atención a la mayor longitud de las pausas, donde meditaremos en la imagen combinada de la columna vertebral y el tren con sus vagones):

Primera repetición:

- Levantar las caderas muy suavemente.

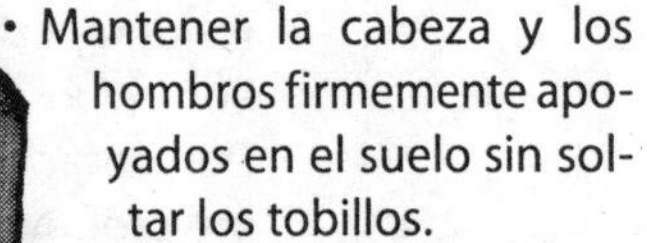

- Mantener la cabeza y los hombros firmemente apoyados en el suelo sin soltar los tobillos.
- Las caderas se levantan lo más alto que resulte posible.

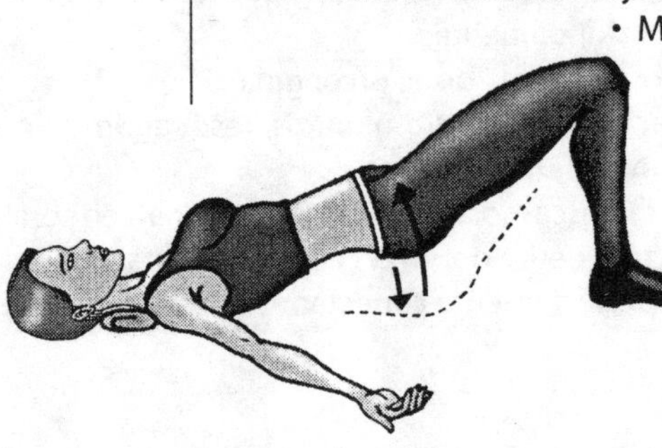

Quinta Serie (yoga)

El círculo de la tranquilidad (cont.)

- Respirar profundamente.
- Volver lentamente la posición original.
- Descansar durante dos minutos, respirando siempre profundamente.
- Durante el descanso, visualizar la columna vertebral como un tren detenido, en el cual las vértebras son los vagones perfectamente conectados unos con otros.

Segunda repetición:

- Levantar las caderas suavemente.
- Mantener la cabeza y los hombros firmemente apoyados en el suelo sin soltar los tobillos.
- Las caderas se levantan lo más alto que resulte posible.
- Respirar profundamente.
- Volver lentamente a la posición original.
- Descansar durante tres minutos, respirando siempre profundamente.
- Durante el descanso, visualizar la columna vertebral como un tren detenido, en el cual las vértebras son los vagones perfectamente conectados unos con otros.

Tercera repetición:

- Levantar las caderas suavemente.
- Mantener la cabeza y los hombros firmemente apoyados en el suelo sin soltar los tobillos.
- Las caderas se levantan lo más alto que resulte posible, respirar profundamente.
- Volver lentamente la posición original.
- Descansar durante cuatro minutos, respirando siempre profundamente.
- Durante el descanso, visualizar la columna vertebral como un tren detenido, en el cual las vértebras son los vagones perfectamente conectados unos con otros.

Sexta Serie (tai chi)

En el centro de la gran catarata

- Erguido, con los pies en paralelo y las manos a los costados.
- Levantar ambos brazos hasta la altura de los hombros y hacerlos girar, de modo tal que las palmas queden hacia arriba.
- Desplazar el pie derecho hacia adelante.
- Hacer descender las manos hasta llegar a la cintura y en diagonal a la cadera izquierda.
- Flexione algo hacia adelante la rodilla izquierda y balancee suavemente su cuerpo, sin esforzarlo.
- Invierta ahora la posición de sus piernas, la izquierda adelante y la derecha suavemente flexionada. Nuevamente, balancee suavemente su cuerpo, sin esforzarlo.

- Repita la secuencia de movimientos alternados cinco veces.

Capítulo 4

Acupuntura

La acupuntura es entendida como un tipo de terapia, con el mismo rango que los otros tratamientos.

La acupuntura es una de las formas de la medicina tradicional, basada en la influencia que puede ejercer el hombre mediante técnicas especiales, que más se ha popularizado en Occidente desde décadas atrás. Inclusive, por sus resultados prácticos, ha sido incorporada como opción terapéutica en forma oficial por muchos países de Europa y América. Así, la acupuntura figura entre las especialidades que constituyen la medicina alternativa y se estudia en las universidades de distintos países del primer mundo, donde además sus servicios están incluidos entre los que prestan las obras sociales de numerosos sindicatos. Es entendida como un tipo de terapia, con el mismo rango que los otros tratamientos.

La técnica de esta disciplina consiste en la estimulación de puntos cutáneos mediante la implantación de pequeñas agujas de hasta nueve centímetros de largo.

Así, para numerosos pacientes en todo el mundo, la acupuntura ha resultado ser un método efectivo para alivio del dolor agudo y severo. En el caso que fundamentalmente nos interesa en este volumen, el dolor de espalda, las contracturas y otras dolencias dorsales, cervicales y lumbares, ya sin lugar a dudas la acupuntura ha demostrado sobradamente sus virtudes. Son millones de casos registrados, aquellos en los que la acupuntura triunfó sobre dorsalgias rebeldes ante las cuales muchos otros sistemas, métodos y tratamientos habían fracasado.

Desde luego, aunque es muy popular su aplicación para tratar este tipo de dolencias, las de la espalda, el vasto accionar de la acupuntura no se limita ni mucho menos a estos casos. También es recomendada para otras afecciones dolorosas, entre las cuales nos limitaremos a nombrar la osteoartritis, la artritis reumatoidea, las lesiones musculoesqueléticas en el cuello, los hombros, la rodilla y el codo, la fibromialgia, el síndrome del túnel carpiano, el dolor de parto y el dolor relacionado con el cáncer.

La acupuntura es una de las técnicas más antiguas de la medicina china. Básicamente, luego aclararemos el concepto, la acupuntura consiste en clavar agujas de diferente tipo, y a profundidades diferentes en puntos bien determinados del cuerpo humano. Puede parecer a simple vista muy extraño que algo que causa un dolor, aunque mínimo, bien reconocible, como es el caso de una aguja clavada en un sitio del cuerpo humano, sirva para aliviar un dolor de espalda severo, pero ello resulta una verdad comprobable, aunque la medicina occidental todavía no se ponga de acuerdo respecto de cómo actúa el tratamiento. Veamos por qué sucede esto, aparentemente un hecho paradójico.

Alivio misterioso de contracturas y dorsalgias

La acupuntura, del mismo modo que la moxibustión, la fitoterapia, la dieta dirigida y la ejercitación conforma una parte fundamental de las prácticas tradicionales de la medicina tradicional china.

Para la medicina tradicional china los órganos, los músculos y las vísceras poseen muchas más actividades que las reconocidas por la ciencia médica occidental. Actividades que tienen su centro en la estructura fisiológica, pero que irradian sus efectos sobre amplias porciones del resto del cuerpo.

Pese a su empleo tan antiguo en la región del mundo donde fue descubierta y estudiada, la acupuntura no se conoció en

Europa hasta bien entrado el siglo XVII y ello sólo gracias al empeño de los miembros de una misión religiosa destacada en Pekín, la antigua capital del Celeste Imperio. Según se supone, no fue fácil para los religiosos sonsacarle a los reservados expertos chinos los secretos de su "milagrosa" manera de curar. Los sabios, celosos de su saber ancestral, no brindaban mayores datos sobre sus procedimientos a los misioneros, hasta que uno de ellos, más atrevido que los demás, arriesgó su propia vida para acceder a la lectura de algunos de los libros antiguos sobre medicina tradicional china. El atrevido contó con la ayuda del custodio de estos tesoros de información prohibida tan celosamente guardados, un hombre al que él mismo había convertido al cristianismo. Experto conocedor de la lengua china popular y clásica, el valiente religioso se las arregló para copiar minuciosamente los antiguos manuscritos. Los estudió, anotó sus consideraciones y las observaciones que hacía de la labor de los médicos chinos que colaboraban con los religiosos en el hospital de la misión. Al cabo de veinte años de servir en China, este religioso -según se dice, el primer occidental en conocer las virtudes y además los fundamentos de la milenaria acupuntura fue llamado de nuevo a Occidente por las autoridades eclesiásticas que regían a su orden. Con su retorno a nuestro hemisferio ingresó por primera vez este precioso saber a nuestro mundo. Ello sucedía a comienzos del siglo XVIII, pero lamentablemente -pese a las demostraciones prácticas que hacía el monje de las virtudes de su arte aprendido en Oriente- aquella ciencia maravillosa que empleaba agujas para curar espaldas doloridas, brazos paralizados, inflamaciones, congestiones severas y muchas otras dolencias, no pasó de ser considerada como una rare-

La acupuntura indica que ejerciendo un estímulo bien calculado por un experto en sus métodos, es posible producir efectos sobre una gran variedad de órganos, músculos, nervios, glándulas, la piel, etc. El uso de la acupuntura en este varias veces milenario país de Asia, se ejerce desde hace la friolera de más de seis mil años.

za más de las venidas de Oriente... para la incredulidad y la ignorancia de la gente de la época, aquello no pasaba de ser "otro cuento chino", popularmente hablando. Con la muerte del monje, apenas unos años después de haber vuelto a Occidente con su arte extraordinario, se extinguiría aquella débil luz que hubiera revolucionado el tratamiento del dolor en todo el hemisferio.

Tendría que pasar un siglo más para que la acupuntura comenzara a ser tomada más en serio. En 1823, un terapeuta inglés informó –en una afamada revista de temas médicos– respecto de un tratamiento que describió como de su invención, al que denominaba acupuntura. Por entonces, se recomendaba para tratar la artritis y la hidropesía, entre otras dolencias.

Posteriormente la acupuntura fue mejor comprendida en el Viejo Mundo, principalmente a través de la tarea de difusión que sobre ella hicieron algunos colonos franceses que habían tenido oportunidad de apreciar sus maravillosos resultados durante su estancia en Indochina. Para 1939, un diplomático francés, Soulie de Morant, publicó un completo tratado sobre la terapia china que empleaba las agujas para aliviar el dolor. Desde entonces, el interés de Occidente en la acupuntura no hizo otra cosa que aumentar,hasta hacerla gozar del reconocimiento que posee ahora.

Técnicas actuales de la acupuntura

Al revés que otras técnicas naturales que usted puede ejercer para curar su dolor de espalda, la acupuntura es un sistema terapéutico que no puede aplicarse usted mismo. Ella requiere la participación de expertos, con muchos años de práctica y experiencia.

La práctica de la acupuntura hace necesaria una gran habilidad manual, como veremos en lo que sigue. Para empezar, debe introducirse la aguja con decisión y rapidez, ayudando a ello con la presión de los dedos. Cuando se emplean agujas largas, después de la introducción rápida, es posible insertarlas más en los tejidos presionando con los dedos de la mano libre sobre el extremo de la aguja, imprimiéndole a ésta un movimiento de rotación.

Existe otra técnica para aplicar las agujas: para ello, se debe formar con los dedos un pliegue cutáneo en el punto elegido y luego insertar la aguja en él. Previo a estas operaciones, los expertos acupuntores se interiorizarán del historial médico del paciente e interrogarán minuciosamente al mismo respecto de los síntomas y particularidades referentes a su dolor de espaldas.A continuación, realizarán un completo examen médico del paciente y una vez evaluadas todas las características del caso, recién entonces arbitrarán las medidas conducentes al tratamiento de curación. Entre los métodos que empleará el acupuntor para obtener un seguro diagnóstico del paciente, figura en primerísimo lugar el tomarle el pulso mediante la arteria radial de la muñeca.

Un experto acupuntor, sumando la información que le brinda el pulso del paciente a los otros datos proporcionados por la historia clínica del mismo y a los resultados de un largo interrogatorio respecto de los síntomas y las características de los dolores experimentados, está en perfectas condiciones de comprender qué regiones del cuerpo sufren el bloqueamiento de los canales de energía, origen de los dolores dorsales que sufre el paciente.

Canales: senderos de la energía a través de nuestro cuerpo

Los canales definidos por la acupuntura son caminos que elige la energía que nos da vida para circular por nuestro cuerpo. Cuando uno o más de ellos está bloqueado, ello se traduce en molestias, dolores de mayor o menor intensidad y, finalmente, se desencadenan las afecciones.

Los síntomas más importantes que nos hablan de su bloqueo

- El canal del bazo: rigidez y dolor de lengua, sensación de obstrucción nasal, dolor e hinchazón abdominal, vómitos, ictericia, debilidad general, pesadez en todo el cuerpo.
- El canal del corazón: sequedad de garganta, dolor abdominal, sed, aumento de la temperatura de la mano, fiebre, falta de fuerzas.
- El canal del intestino delgado: ictericia, hinchazón de las mandíbulas, dolor de cabeza, sensación vertiginosa, sensibilidad extremada a los sonidos, dolor de garganta.
- El canal del pulmón: sensación de plenitud en el pecho, hemoptisis, dolor de garganta, resfríos, pesadez y dolor en los hombros y la espalda.
- El canal del intestino grueso: dolor abdominal, tos, diarreas repentinas, gases, dolor de garganta, epistaxis.
- El canal del estómago: hinchazón abdominal, mareo, gases, vómitos, fiebre, parálisis de la cara, dolor en el pecho y las ingles.
- El canal de la vejiga: retención de orina, dolor de cabeza, tenesmo (falsa sensacion de deseos de defecar), afecciones oftalmológicas, dolor de la espalda, del cuello y de la región lumbar
- El canal del riñón: hemoptisis, disnea, carraspera, tos, sequedad de garganta, lumbago, edema, estreñimiento, visión confusa, diarrea y atrofia muscular de las extremidades inferiores, contractura de la planta del pie y las pantorrillas.
- Canal del pericardio: angina de pecho, palpitaciones, puntadas en el corazón, irritabilidad sin causas reales, tos, agitación, espasmos y contracciones del codo y del brazo, fiebre repentina.
- Canal del hígado: lumbago, sensación de plenitud en el pecho, enuresis, retención de orina, hernia, dolor en la parte baja del abdomen.
- Canal de la vesícula biliar: sabor amargo de boca, dolor en la región submandibular, falta de fuerzas, zumbidos y dolores abdominales.
- Las agujas serán insertadas convenientemente en aquellos puntos donde permitan liberar la energía retenida o bloqueada.
- Las agujas empleadas en acupuntura, actualmente, están hechas de una aleación de plata o forjadas en acero inoxidable. Poseen un largo que va desde los 5 centímetros a los 9 centímetros, dependiendo ello de la profundidad del punto a afectar con su inserción.

El acupuntor selecciona con estos criterios las agujas que va a utilizar y luego las inserta –como ya hemos descrito– en los puntos elegidos, hasta una profundidad de unos pocos milímetros. Las dejará clavadas en los puntos energéticos seleccionados durante un período que irá de los quince minutos a la media hora, para luego proceder a retirarlas con la misma suavidad con las que las insertó.

La mayoría de los pacientes se inclinan por opinar, según sus propias experiencias, que la sesión de acupuntura no tiene nada de desagradable, sinde mínimo el dolor que sienten, en tanto que otros pacientes aseveran que ni siquiera sintieron el pinchazo, tal la suavidad de la inserción.

Aunque habitualmente no se utilizan más de una decena de agujas por sesión, ello también depende de la evaluación del terapeuta respecto de la cantidad de puntos a tratar para el logro del éxito final del tratamiento. Dependiendo de la intensidad del dolor de espalda y de la extensión del mismo, puede ser necesario estimular diversos puntos energéticos para obtener el resultado buscado, lo que puede elevar el número de agujas a emplear –de distinto tamaño y características– hasta una docena de unidades.

Las sesiones reiteradas de acupuntura pueden darle un gran alivio a las personas afectadas por dolores dorsales, contracturas, dolores cervicales y lumbares, inclusive en los casos más severos de hernias discales o dolores ocasionados por el pinzamiento del nervio ciático.

Sin embargo, cabe aclarar que en algunos casos debe esperarse algún tiempo para que los maravillosos poderes de la acupuntura hagan su benéfico efecto, particularmente cuando lo que se está tratando son dolores crónicos, reiterados y de larga duración. Un tratamiento de acupuntura puede implicar entre dos y tres sesiones para casos agudos, o entre seis y una docena de sesiones para controlar problemas crónicos. Cada sesión de acupuntura se extiende por espacio de algo más de media hora ⬋

OPERADOS DE DIVERSAS AFECCIONES

Por diversas causas, se puede sufrir dolor de espalda tras una operación quirúrgica. Incluso cuando se utilizan correctamente las técnicas más adecuadas y la cirugía es realmente necesaria, el dolor puede persistir o reaparecer después de la operación. Tras una intervención quirúrgica, puede aparecer dolor de espalda debido a:

- La propia operación. La operación quirúrgica es una agresión, lo que ocasiona después dolor, aunque en circunstancias normales éste debe desvanecerse naturalmente en un tiempo determinado.
- Ineficacia de la operación. El dolor surge después de la intervención, a medida que desaparece el efecto de la analgesia.
- Complicaciones derivadas de la operación quirúrgica. Las más frecuentes son la inestabilidad vertebral, el rechazo y los problemas derivados del material que se implanta durante el curso de la operación quirúrgica.
- Dolor que no guarde ninguna relación con la misma. La cirugía no es una garantía de que el resto de la columna vertebral ni la musculatura que forma la espalda funcionen perfectamente para siempre. Un paciente que ha sido operado exitosamente, tiene el mismo riesgo que cualquier individuo de volver a sufrir dolores de espalda. Incluso luego de una intervención quirúrgica de signo positivo, pueden aparecer dolores debidos a causas diferentes de las que motivaron la operación.
- Para cuidar nuestra espalda después de una intervención quirúrgica, es preciso adoptar las medidas de prevención que quienes nunca han sido operados:
- Hacer ejercicio. El ejercicio es eficaz para reducir el peligro de que aparezcan dolores de espalda y mejorar el grado de movilidad y autonomía.
- Mantenerse físicamente activo. El sedentarismo incrementa el riesgo de padecer dolor de espalda, y el reposo en cama el de que el dolor se extienda en el tiempo. Estar físicamente activo reduce el riesgo de padecer dolor de espalda. Mantener el mayor grado posible de actividad física reduce la duración del dolor.
- Cumplir las normas de higiene postural. Estas muestran cómo realizar las actividades cotidianas de manera que representen un mínimo esfuerzo para la musculatura de la espalda.
- Adoptar una actitud mental sana. Evitar creer que el dolor indica una lesión de la estructura de la columna vertebral. No reducir la actividad física por miedo al dolor ni dejar de trabajar por la misma causa. No abusar de los medicamentos.

Capítulo 5

El dolor de espalda en el mundo: perjuicios económicos a nivel mundial

Cuando evaluamos las molestias y el descenso de nuestra calidad de vida ocasionados por el molesto dolor de espalda, las contracturas y las dorsalgias en general, muchas veces se nos escapa un importante factor. No somos los únicos que lo sufrimos. Por el contrario, según las estadísticas de la Organización Mundial de la Salud (OMS) el dolor de espalda y las consecuencias que acarrea a corto y a mediano plazo figuran en la lista de las afecciones que, día a día, van creciendo y manifestándose como una de las amenazas más corrientes tanto para la calidad de vida individual como para el desarrollo económico de los países en Occidente.

Las proyecciones estudiadas de este mal que afecta a casi la mitad de la humanidad, son sinceramente alarmantes.

Según distintas estimaciones, en un futuro próximo, no mayor a cinco o seis años, los problemas en el nivel laboral originados por el dolor de espalda y las contracturas habrán de condicionar el desempeño profesional de un 70 por ciento de la población mundial, en alguna o varias etapas de su vida económicamente útil. Pese a que tras los ataques de dolor, el 50 por ciento de los afectados logra una satisfactoria recuperación en un plazo no superior a los dos meses, la lógica consecuencia del percance es la pérdida de un crecido número de horas de trabajo. Las personas que sufren este menoscabo de su salud y perjui-

La premisa principal es el logro de un ámbito laboral más seguro, en todos los niveles, donde trabajadores informados y supervisados por personal idóneo, eviten permanentemente las causas bien conocidas de estas afecciones.

cio para la comunidad representado por la pérdida de sus horas de trabajo no son, exclusivamente, aquellos que desempeñan tareas de tipo pesado o manual. Si bien los registros incluyen a los trabajadores rurales y de la industria de la construcción, así como los trabajadores afectados a tareas de mantenimiento y aseo, también tienen un rango importante en este grupo individuos aplicados a tareas profesionales en oficinas, en las más diversas especializaciones, así como personal jerárquico y directivo de empresas. El mal no se atribuye sólo al desempeño de tareas que involucren esfuerzos físicos bruscos y discontinuados –uno de los pilares causales del dolor de espalda– sino también a causas psíquicas y emocionales, a dañinas posturas corporales y al estrés, patología madre de numerosas otras afecciones y que no se detiene ante las barreras de la condición social, el medio laboral, el sexo, la edad, ni las características propias de cada oficio u ocupación profesional.

Entre las recomendaciones tendientes al logro de una reducción de esta verdadera amenaza para la calidad de vida individual y la economía comunitaria, figuran:

La reducción de los esfuerzos físicos, suplantados por el aporte de las nuevas tecnologías

- La optimización organizativa de las tareas asignadas a cada trabajador, a partir de la implementación de nuevas estrategias productivas.
- La educación, tendiente a informar de modo permanente a la población en edad productiva respecto de aquellas prácticas consideradas riesgosas para su condición física, tanto en el inmediato como en el corto y mediano plazo.
- La formación profesional, conducente a capacitar al trabajador para que sea capaz de emplear elementos y tecnologías que ya están a su disposición y que no sólo ahorran esfuerzo sino que también eliminan riesgos laborales.

La prevención, ejercida a todos los niveles de la producción de bienes y servicios, que aspira a evitar las condiciones y las prácticas que, por acostumbramiento, falta de información, predisponen a la aparición de dolencias originadas en el desempeño laboral.

Un tratamiento médico adecuado, implementado en el momento indicado, ejercido por profesionales especializados en la medicina laboral.

Sin embargo, uno de los tantos problemas con los que choca esta racional concepción del desempeño laboral, tendiente a la preservación de la salud del trabajador y el mejoramiento consecuente de la producción de bienes y servicios, está dado por la situación de los países en vías de desarrollo. En estos, aunque a diferentes niveles según la región y el segmento a tratar, la falta de presupuestos y la carencia de tecnología adecuada pueden constituir un severo obstáculo para el logro del objetivo propuesto.

Infancia, dolor de espalda y padres fumadores

Sabidos son los males que provoca en la descendencia el pernicioso hábito de fumar de los padres. En particular, el caso de la futura madre, embarazada, que no abandona su costumbre de consumir tabaco, se ha revelado desde hace décadas como fuente de múltiples patologías del feto y el recién nacido. Sin embargo, hasta hace poco, se ignoraba que el hábito de fumar de los padres en el caso de los niños en desarrollo y pleno crecimiento podía incidir en que éstos sufrieran de dolor de espalda.

Así lo ha establecido un estudio realizado por la Universidad de Oslo, Noruega, que señala que aquellos niños criados en un ámbito hogareño invadido por el humo de tabaco son propensos a sufrir de dolores de espalda y cuello una vez llegados a adultos. Este hallazgo se suma a lo ya comprobado, respecto a la disminución de la talla, los problemas de retardo del crecimiento y la predisposición a sufrir enfermedades del sistema respiratorio y del sistema circulatorio por parte de los pequeños.

El estudio realizado por la Universidad de Oslo abarcó un universo de casi cinco mil casos, representados por una mayoría de mujeres, quienes sufrían de dolores de espalda, contracturas musculares y padecimientos cervicales. En un alto porcentaje de los casos estudiados se confirmó que durante su niñez los participantes en la investigación habían convivido con padres fumadores. Una clave para detectar los casos de referencia fue el notable grado de ausentismo laboral que establecían las personas con estas características. Así se confirmó que el ausentismo laboral estaba motivado por la persistencia de dolores de agudos a severos en la espalda y el cuello, así como contracturas musculares de diversa distribución corporal. La causa, investigada en el grupo de estudio, parece ser que el tabaquismo sufrido por los padres afecta a la columna vertebral en desarrollo de los niños. Estos, al inhalar el humo del tabaco, tienen una menor irrigación sanguínea de sus discos intevertebrales, con el consiguiente daño para su crecimiento y desarrollo normales. Al llegar a la edad adulta, este escaso desarrollo se revela como insuficiente, para que la columna vertebral pueda cumplir su papel de sostén general del peso de todo el organismo. La deficiencia en la irrigación sanguínea de la infancia podría afectar de muchas otras maneras a los sujetos estudiados, de modo tal que no estaríamos ante un solo perjuicio, sino apenas ante una de las afecciones originadas en la dañina costumbre de fumar mantenida por los padres de niños y jóvenes en crecimiento.

El dolor de espalda: diferencias entre hombres y mujeres afectados

Aunque resulte insólito y asombroso el dolor de espalda no poseería las mismas características si el paciente es una mujer o si se trata de un hombre que lo padece.

De acuerdo con una investigación llevada adelante con la intervención de centenares de médicos generalistas, se pueden apreciar diferencias de trascendencia entre el dolor lumbar agudo y los espasmos musculares que afectan a hombres y a mujeres. En el caso de los primeros, los profesionales médicos consultados coincidieron en su gran mayoría en la afirmación de que los pacientes de sexo masculino atribuían la causa de sus dolores dorsales a lesiones y daños físicos ocasionados en el ámbito laboral. En la misma proporción, los pacientes hombres señalaron como causa de sus dolencias musculares y contracturas dorsales la práctica de los distintos deportes, ocupando un destacado lugar entre estos el fútbol, el básquet, la pelota a paleta y en un porcentaje menor, el golf y el tenis.

Por su parte, las pacientes mujeres tienden –siempre según lo aseverado en la consulta– a achacarle el motivo de sus males de la espalda al estrés y las tensiones de origen hogareño, tales como el desempeño de las tareas características del rol que juegan las amas de casa: el aseo general, el lavado y el planchado de la ropa, las reparaciones simples, la costura, el cuidado y la atención de los niños, las compras y el acarreo de las mismas hasta el hogar, la jardinería y las otras actividades correspondientes al mismo asunto.

La obesidad y el dolor de espalda

A escala mundial, cada vez más son las asociaciones médicas profesionales que advierten sobre la peligrosa incidencia que tiene, en referencia a las causas del dolor de espalda, un factor que hasta hace menos de una década apenas era considerado. Nos referimos a la obesidad, que está catalogada en sí misma como una epidemia que afecta tanto a habitantes de países desarrollados como en vías de desarrollo. La obesidad tampoco conoce de fronteras o límites establecidos por el sexo o la edad. Tanto afecta a hombres como a mujeres, así como a todas las edades: ancianos, personas maduras, jóvenes, adolescentes y hasta niños, en una escala creciente, soportan hoy las consecuencias de este terrible mal, que al parecer, no hace otra cosa que extenderse.

El sobrepeso es un factor que acrecienta el peligro de padecer dolor de espalda. Si a ello se añade el sedentarismo y la inactividad física.

Y paralelamente, salta a la vista consultando las estadísticas llevadas adelante por los expertos, el incremento de las consultas realizadas por personas ya diagnosticadas como obesas, en referencia a su sufrimiento por dolor de espalda. Sólo en los Estados Unidos de Norteamérica, en un año el porcentaje de pacientes obesos que se acercaron al consultorio de los especialistas en dolores dorsales creció más del 50 por ciento.

Asimismo, al encarar el tratamiento de la dolencia, los especialistas comprobaron cómo disminuían los casos de dolor de agudo a severo, al proceder a disminuir el sobrepeso acumulado por los pacientes. En base a dieta y ejercicio controlado, los médicos actuantes, además de lograr un mejoramiento general de la salud de sus pacientes, también lograron aliviar y en algunos casos, inclusive reducir a una frecuencia e intensidad apenas molesta, los frecuentes dolores de espalda que sufrían sus pacientes obesos.

Entre las numerosas dolencias que estas personas con sobrepeso severo acusan soportar, figuran en un grado destacable y evidente, tales como:

Afecciones de la espalda

- Enfermedad discal degenerativa.
- Espondilolistesis, esto es, un deslizamiento del disco de la espina lumbar.
- Ruptura de disco.
- Hernia de disco.

Para evitar las dolencias de espalda se debe mantener una indispensable proporción de actividad física, implementar una correcta higiene postural y desarrollar los músculos de la espalda.

Habitualmente, el sobrepeso se debe al incremento de la grasa corporal, originado en la falta de ejercicio y la ingesta exgerada de nutrientes.

Medidas eficaces para prevenir y tratar el dolor de espalda en las personas con sobrepeso:

- Mantener el mayor grado posible de actividad física. Ello contribuirá primeramente, a quemar los excedentes de reservas de energía presentes en el organismo, acumulados en forma de grasa.
- Observar las normas de higiene postural. La obesidad no raramente se asocia con una actitud perniciosa respecto de las posturas corporales, cuando una engañosa comodidad implica muchas veces un sobreesfuerzo de la musculatura dorsal.
- Desarrollar la musculatura de la espalda. Adecuados ejercicios programados pueden, no sólo contribuir a quemar grasas excedentes, sino también a fortalecer los músculos de la espalda, que brindarán así una potencia mayor que repercutirá en un mejor equilibrio general entre la espalda y el peso que se ve obligada a sostener.
- Llevar adelante una dieta saludable. Esta medida irá reduciendo progresivamente la acumulación de reservas de grasa del organismo, con lo cual éste se verá beneficiado en forma múltiple. No sólo desaparecerán las causas del dolor de espalda, sino que se prevendrán otras lesiones a largo plazo, entre ellas, las afecciones cardíacas y la degeneración del conjunto del sistema circulatorio.
- Hacer ejercicio de modo regular. La práctica de ejercicios adecuados redundará en una tonificación general de la musculatura y una mejora de la capacidad respiratoria. Al volverse más fuerte, la musculatura del sujeto soportará mucho mejor el peso del organismo y ello reducirá el dolor de espalda.

El peligro de tener que soportar dolores dorsales a causa del sobrepeso

- El mismo sobrepeso. El exceso de peso acrecienta la carga sobre el disco vertebral, lo que colabora a su desgaste y al riesgo de que sufra deformaciones o fracturas.
- Factores asociados. En las personas con sobrepeso suelen darse otros factores que contribuyen a la aparición de dolores dorsales. Entre estos figura señaladamente el sedentarismo y las malas posturas corporales.
- Falta de potencia muscular de la espalda.
- Ausencia de actividad física.
- Mal estado de salud general. El sobrepeso acrecienta el riesgo de padecer diversas enfermedades metabólicas y cardiovasculares. Ello también aumenta el riesgo de padecer dolencias de la espalda, además de constituirse en sí mismas, en causas primeras de graves trastornos que pueden y deben ser prevenidos, antes de que sus consecuencias se pronuncien y pongan en peligro la vida misma de la persona que las padece.

Capítulo 6

Fitoterapia

Plantas que curan

Desde la más remota antiguedad, el hombre ha acudido al auxilio de la naturaleza para aliviar y curar sus muchos males. Dentro del amplio arsenal de sustancias que pueden contribuir a que llevemos una mejor calidad de vida, las plantas medicinales tienen un espacio destacadísimo. Ello es así no sólo por la larga experiencia que tenemos los humanos respecto de las propiedades de las mismas, habida cuenta de que en todas las culturas del mundo, desde casi sus mismos orígenes, hemos contado con ellas para solucionar los males que nos aquejan. También esta relación estrecha que mantenemos con las plantas medicinales tiene que ver con la enorme variedad que existe de las mismas: debemos recordar que, sólo en Sudamérica, se han catalogado en los últimos sesenta años no menos de unas cinco mil variedades de vegetales que tienen una beneficiosa acción –directa o indirecta– sobre nuestra salud. A ello se agrega que, definitivamente, cada año se agregan nuevas especies útiles para los mismos fines terapéuticos, cuyas cualidades eran desconocidas el año anterior.

De hecho, muchas especies que para la ciencia convencional tenían unas propiedades atribuidas a la superstición o a las creencias mágicas, fueron confirmadas como útiles tras muchas pruebas de laboratorio. La incredulidad de la ciencia oficial ha cedido un tanto ante la demostración –confirmada por sus propios medios de investigación y experimentos– de que muchas recetas caseras, de milenaria existencia en el acervo cultural de los pueblos más antiguos, confirmaban sus propiedades en el laboratorio. Así, se ha establecido que muchas plantas y sus extractos pueden producir la curación o el alivio de muchas dolencias, entre ellas la que nos ocupa, que es el dolor de espalda.

Pero antes de que la ciencia oficial se ocupara más seriamente de ellas, las plantas medicinales –cuyo uso estaba antes restringido a curanderos– eran y son usadas en todo el mundo con los mismos fines.

Se trata de un reconocimiento oficial que llega a ser declarado por la misma Organización Mundial de la Salud (OMS), desde 1978, fecha en la que la organización fija las pautas conducentes a lograr sus objetivos estratégicos respecto de la atención primaria de la salud, en todos los países y en todas las culturas.

Premisas básicas

- Atender y resolver los problemas de salud comunitarios, en su ámbito y con la participación de sus miembros.
- Constituirse en una estrategia global, que hace necesarias acciones que abarquen todo el ámbito de la vida comunitaria, desde la producción de alimentos y la vivienda hasta la sanidad ambiental.
- Tender al carácter preventivo.
- Utilizar los conocimientos y los recursos locales disponibles y que son parte del universo cultural y social de la comunidad, lo cual destaca el papel de las plantas medicinales y tradicionales como recursos accesibles y conocidos para la comunidad en cuestión.

Las plantas medicinales son capaces de contribuir decididamente a que el cuerpo recupere sus posibilidades de autosanación, impulsando el equilibrio perdido por el organismo y aminorando las consecuencias de continuo estrés que acecha ya no sólo a los habitantes de las grandes ciudades, sino también a los miembros de comunidades rurales y alejadas de los focos principales de la civilización, que ha avanzado invadiendo sus ámbitos con un influjo que parece indetenible. De hecho, si los habitantes de las orillas de Amazonas, en Brasil, acuden a sus plantas milenarias para combatir el lógico estrés que provoca el avance imparable de la civilización sobre sus hábitos, y hoy están libres de estrés y de las diversas enfermedades, ¿cómo, los habitantes de las grandes ciudades, apelando a los mismos métodos, no lograremos mejorar nuestra calidad de vida, con el auxilio de ciertas prácticas de higiene mental y física?

El cúmulo de conocimientos sobre las propiedades benéficas de las plantas, no proviene solamente de los conocimientos adquiridos respecto de las plantas propias de América, sino que también nos llega de las fuentes de nuestras propias raíces europeas. Un papel fundamental en la "farmacia" natural.

Recetas y especificaciones, para aliviar y tratar el dolor de espaldas

Ananá o Piña

Características: Se trata de una planta de hojas de bordes espinosos, que da un fruto abultado y mediano, muy común como alimento en mercados de todo el mundo.
Propiedades: Posee propiedades antiinflamatorias generales, así como los problemas de espalda, los esguinces y las luxaciones.
Modo de uso: Su fruto puede ser ingerido habitualmente, tomando en cuenta sus propiedades medicinales. Puede prepararse una cocción empleando las cáscaras frescas del fruto, a razón de cien gramos de las mismas hervidas durante 1/2 hora en un litro de agua. Se beben de dos a tres tazas diarias y puede conservarse hasta tres días en heladera, en un frasco cerrado.

Apio

Características: Familia de las umbelíferas. Se utilizan los frutos.
Propiedades: Antireumático, diurético y sedante. Recomendado para combatir el reumatismo, la gota y la artritis.
Modo de uso: En infusión, una o dos cucharaditas de las semillas en una taza de agua hirviendo, 3 veces al día.

Avena

Características: Familia de las gramíneas. Se utilizan preferentemente sus semillas. Estas están compuestas por almidón, alcaloides como la trigonelina y la avenina, vitamina B, esteroles, flavonas, y saponinas.
Propiedades: Antidepresiva, emoliente, y nervotónica. Recomendada para combatir el estrés. Alivia la debilidad nerviosa y el agotamiento.
Modo de uso: Consumir su extracto, de 3 a 5 ml 3 veces al día.

Diente de león

Características: Se encuentra en todo el globo y en todos los climas, ya que es muy adaptable, aunque por ello es combatida como maleza.
Propiedades: Util contra el reumatismo muscular, y además como tónico general y reconstituyente.
Modo de uso: Hervir 50 grs de las raíces y las hojas en un litro de agua e ingerir antes de las comidas principales.

Jengibre

Características: Corresponde a la familia de las cingiberáceas. Se extrae del suelo cuando sus hojas se han secado.
Propiedades: Estimulante, carminativa y diaforética.
Modo de uso: Infusión, que se elabora vertiendo una taza de agua hirviendo sobre 1 cucharadita de raíz fresca. Dejar reposar durante cinco minutos. Beber cada vez que sea necesario.

Laurel

Características: Se trata de un arbusto común en jardines y prados, fácil de reconocer por su perfume.
Propiedades: Es un tónico natural diurético y regulador del ciclo menstrual. Antirreumático muy eficaz contra la inflamación de articulaciones.
Modo de uso: Hervir 10 grs de sus hojas en 3/4 de litro de agua. Beber antes de cada comida. Contra las afecciones musculares y contracturas friccionar la zona afectada con un concentrado de la infusión.

Menta

Características: Planta tierna, de color verde intenso, que se encuentra como hierba tapizando prados silvestres y los jardines entremezclada con otras plantas. Se caracteriza por su agradable aroma refrescante.
Propiedades: Eficaz contra dolores de espalda de origen en un problema digestivo y nervioso.
Modo de uso: Infusión de una cucharada de sus tallos y hojas en una taza de agua hirviendo. Luego de enfriar. Beber dos veces al día.

Matricaria

Características: Arbusto común en prados secos y abundantemente asoleados.
Propiedades: Eficaz analgésico. No debe ser ingerido durante el embarazo o sospecha del mismo, pues tiene propiedades abortivas.
Modo de uso: Infusión de una cucharada de hojas secas, en 500 cm^3 de agua. Tomar dos tazas al día.

Romero

Características: Es un arbusto de color verde oscuro. Muy empleado también como condimento.
Propiedades: Relajante muscular y muy útil contra las contracturas por sus propiedades sedantes.
Modo de uso: Infusión: 1 cucharada de sus hojas y flores debe ser cubierta con 2 tazas de agua hirviendo. Dejar reposar durante 1/2 hora. Beber 3 porciones diarias. Tópico: machacar en un mortero 50 grs de sus hojas y mezclar con 3 cucharadas soperas de aceite de oliva puro extra virgen. Aplicar sobre la zona dolorida 2 veces por día.

Salvia

Características: Pertenece a la familia de las labiadas y se encuentra en sitios rocosos y secos.
Propiedades: Útil como relajante muscular, en dolores producidos por estiramientos o esfuerzos excesivos.
Modo de uso: Frotar la zona dolorida con una mezcla de 10 gotas de aceite esencial en dos cucharadas de aceite de oliva.

Sauce

Características: Es un árbol que alcanza los 7 metros de altura, caracterizado por las caída de sus hojas, de color verde claro. Desde los tiempos de Aristóteles, su corteza y sus hojas estaban recomendadas como analgésico natural. De su corteza, desde el siglo XIX, se obtiene un principio básico conocido mundialmente como aspirina.
Propiedades: Analgésico general.
Modo de uso: Hervir 2 grs de la corteza seca en 250 cm^3 de agua, durante un 4 de hora. Beber no más de 2 veces al día. En caso de ser alérgico a la aspirina, no beber. Tampoco administrar esta decocción a niños menores de 10 años de vida.

Tilo

Características: Es un árbol que puede alcanzar una altura de 15 metros. Da flores de cinco pétalos con forma de estrella, y sus frutos son ovoidales y pequeños.
Propiedades: Posee efectos analgésicos.
Modo de uso: En infusión, colocar 10 grs de flores en un litro de agua. Beber de dos a tres veces por día, siempre a las mismas horas.

Tomillo

Características: Planta perenne aromática de la familia de las labiadas de hasta 30 cm de altura.
Propiedades: Digestiva, carminativa. Antirreumática. Muy útil como relajante muscular, en dolores producidos por estiramientos o esfuerzos sin preparación previa.
Modo de uso: Frotar la zona dolorida con de 10 gotas de aceite esencial en 3 cucharadas de aceite de oliva.

Valeriana

Características: Corresponde a la familia de las valerianáceas. Sus partes utilizadas son las raíces.
Propiedades: Posee propiedades sedantes, hipnóticas, antiespasmódicas e hipotensoras. Para reducir la tensión y el estrés, así como la ansiedad, es uno de los agentes más indicados. Como antiespasmódico es empleada contra los calambres, así como para combatir el dolor provocado por la tensión, el dolor de cabeza –que no pocas veces degenera en contracturas de la espalda– y el dolor reumático.
Modo de uso: En infusión, que se prepara derramando lentamente 250 centímetros cúbicos de agua hirviendo sobre 2 cucharadas de la raíz machacada de valeriana. Dejar reposar durante 15 minutos. Una vez enfriada, beber la infusión entre cuatro y cinco veces diarias.

Las terapias florales

Desde hace décadas, en Occidente gozan de una gran popularidad, entre todos los sectores sociales, aquellas terapias que tienen como base el empleo curativo de esencias y extractos florales, en un retorno saludable a tradicionales prácticas conocidas desde hace siglos y abundantemente recomendadas en distintas culturas.

En el caso específico de la terapia que se basan en destilados florales, su origen proviene de la antigua China, donde desde hace cinco mil años se emplean las flores y los preparados basados en ellas con fines curativos. La terapia floral tradicional china se diferencia notablemente en cuanto a métodos de preparación y aplicaciones recomendadas según las distintas regiones de este dilatado país milenario, pero todas las variedades de terapia regional coinciden en las propiedades curativas de un determinado número de flores.

Sin embargo, entre las terapias florales conocidas y practicadas hoy día en Occidente, tienen un lugar especial aquellas correspondientes a los tratamientos estudiados y sistematizados por Edward Bach, las populares "flores de Bach", que hoy se encuentran –en todas sus variedades y especialidades– al alcance de todos en las casas especializadas, así como en farmacias y herboristerías.

Por otra parte, cabe destacar que las flores de Bach han sido reconocidas como terapia alternativa por la Organización Mundial de la Salud, desde mediados de la década del 70. Se trata de un sistema basado en esencias destiladas de una vasta gama de flores, cuya aplicación curativa resulta sencilla, práctica y económica.

Asimismo, la terapia con flores de Bach no presenta –siguiendo racionalmente las especificaciones correctas para cada caso– efectos colaterales ni desagradables.

Como otras terapias, tales como la acupuntura, la cromoterapia, la homotoxicología, la gemoterapia, la reflexología y la musicoterapia, el sistema propuesto por Edward Bach se agrupa entre las medicinas alternativas denominadas bioenergéticas.

En el caso específico de las flores de Bach, se emplean esencias florales que contienen las cualidades bioenergéticas de ciertas y determinadas flores, cada una de ellas adecuadas para tratar y aliviar una específica variedad de enfermedades y dolencias. La esencia de estas flores dotadas de propiedades medicinales ingresa por vía oral al organismo del paciente, donde toma contacto con el campo energético de la persona afectada. El siguiente paso de este proceso es la acción que desarrolla la esencia sobre los centros bioenergéticos del paciente, cuya duración y potencia varía según la variedad del preparado y el estado general del paciente.

En conexión con estos centros bioenergéticos, distribuidos por todo el cuerpo del individuo, la esencia floral producirá cambios, tanto en el cuerpo emocional del paciente como en el cuerpo físico.

El paciente debe dirigirse a un especialista en terapias florales, quien lo examinará y le indicará los extractos que debe utilizar, así como la dosificación necesaria y la duración del tratamiento a seguir

Capítulo 7

Método Feldenkrais: El "camino lento" hacia la armonía entre el cuerpo y la mente

El método Feldenkrais toma en cuenta la fuerza de la gravedad y la relación del cuerpo con el espacio.

El creador de este aceptado método para remediar las dolencias producidas por las fuertes contracturas de la espalda, fue el doctor Moshe Feldenkrais. Él estimaba que los individuos llevamos a cabo exclusivamente el más imprescindible ejercicio físico. Asimismo, aseveraba que dejamos de desarrollar la mayor parte de nuestro potencial. Ello sucede así, porque nuestros hábitos nos han inculcado rígidas maneras de realizar movimientos, respondiendo siempre del mismo modo o muy parecido a los estímulos que continuamente nos brinda nuestro alrededor. Es tanta la costumbre, el automatismo que llevamos adelante, que no tomamos en cuenta que existen muchas otras maneras de que logremos una correcta adaptación al medio.

Es ideal para todos aquellos interesados en mejorar su bienestar físico y mental.

Mediante la aplicación del método ideado por el doctor Moshe Feldenkrais se logra progresar en el conocimiento de los diversos esquemas sensoriales y motrices de nuestro organismo. Del mismo modo que cuando éramos niños, podemos seguir aprendiendo movimientos y posturas no sólo más convenientes para nuestro sano desarrollo, sino también más confortables y naturales. Nuestro potencial puede aplicarse a un camino nuevo: la educación de los movimientos.

Es por ello, en base a estos sencillos principios, que el método Feldenkrais se concentra en la capacidad de aprendizaje del sujeto para encontrar respuestas y alternativas a lo ya conocido.

Se investigan, siguiendo el método Feldenkrais, los hábitos posturales correctos –porque a éstos también los hemos aprendido– y los incorrectos, se indaga en los novedosos esquemas neuromusculares para acrecentar nuestra flexibilidad y se vuelven evidentes, para la conciencia del individuo, las interconexiones existentes entre las diferentes partes del cuerpo.

En el método Feldenkrais existen dos categorías evidentes: la de los maestros en las técnicas diseñadas por el doctor Moshe Feldenkrais y, la de los discípulos, aquellos necesitados de comprender, ejercitar en sí mismos las técnicas y gozar prontamente de sus beneficios.

La meta de los maestros es trasmitirles a los alumnos cómo realizar los movimientos cotidianos en armonía con las delicadas guías de su sistema nervioso y muscular, de modo tal de restablecer el equlibrio perdido por décadas de malos hábitos posturales y erróneos movimientos aprendidos a temprana edad. De este modo, siguiendo las enseñanzas aportadas por Moshe Feldenkrais, quien comenzó a enseñarlas en Israel en 1960, el individuo será capaz de desarrollar todo su potencial.

La base del método Feldenkrais está constituida por más de un millar de movimientos marcados, capaces de ser combinados entre sí. La enseñanza de los maestros contempla no sólo el conocimiento profundo de estos numerosos movimientos, sino también manipulaciones ejercidas sobre el cuerpo del discípulo, conducentes a volver a educar paulatinamente el automatismo corporal, hasta que dichos movimientos sean algo realizado sin detenerse a examinar conscientemente la oportunidad de su realización, lo cual, desde luego, realza la eficacia de su implementación.

En lo que hace a nuestro objetivo concreto, esto es, comprender cuáles son las técnicas más adecuadas para suprimir el dolor de espalda, cabe subrayar que el método Feldenkrais resulta de suma utilidad para prevenir y tratar las dolencias dorsales, dado que libera la tensión muscular, mejora la flexibilidad de la espalda y contribuye a mejorar la postura del cuerpo, eliminando muchas de las causas de la dolencia de referencia.

El método Feldenkrais ejerce una acción preventiva capaz de enfrentar a las dolencias ocasionadas por la osteoporosis y el estrés. Pero sus beneficios no se detienen allí, pues el método Feldenkrais también posee un poder curativo que abarca los dolores de espalda, la tendinitis, la escoliosis y los problemas de índole respiratoria.

El conjunto de los ejercicios realizados de acuerdo al método Feldenkrais deben concretarse, como primera medida, usando vestimenta confortable y holgada, de modo tal que la ropa no frene el natural desplazamiento de los movimientos.

Los movimientos se implementan sobre una camilla o en el suelo, mientras el experto en el método Feldenkrais instruye respecto de aquellos movimientos que no ocasionan sufrimiento ni tensión al discípulo. El método Feldenkrais deja de lado cualquier postura o movimiento que implique un grado límite de tensión para el estudiante, tendiendo a otra meta, más útil para el objetivo propuesto. Según el método Feldenkrais, este objetivo no es otro que el acrecentar la conciencia del cuerpo y la relación entre el cuerpo y la mente.

Por lo habitual, las sesiones con el maestro en el método Feldenkrais se extienden a una hora de duración. La asiduidad de las sesiones tendrá que ver con el alcance del dolor y el mismo estado físico del estudiante. A un dolor intenso y crónico, corresponderá mayor número de sesiones, del mismo modo que la precariedad del estado físico del alumno hará que las clases se extiendan: nada, en el método Feldenkrais, tiende a la brusca transformación de los hábitos adquiridos, sino a una lenta y necesaria transformación de las posturas y movimientos, los que debemos al acostumbramiento y la inconsciente costumbre de realizarlos, para llevarlos al máximo de confort y beneficio, hasta que estos movimientos se vuelvan un hábito y no un ejercicio.

Entre otras instituciones que han adoptado las enseñanzas del método Feldenkrais como una materia a cursar entre las necesarias para aprobar sus cursos, figuran las escuelas de Guerra de distintas naciones, así como diversas escuelas de teatro e instituciones deportivas de todo el mundo, principalmente en Europa y el Cercano Oriente ⬋

LAS PERSONAS ENFERMAS Y EL DOLOR DE ESPALDA

El dolor de espalda aparece gracias a un mecanismo neurológico cuyo origen se desconoce. Raramente se origina en una alteración orgánica de la columna vertebral. Contribuyen a la aparición de esta dolencia:

- La carencia de una musculatura potente.
- Las posturas incorrectas.
- La exposición a vibraciones.
- El miedo al propio dolor.

La mejor forma de evitar el dolor de espalda es hacer ejercicio y controlada actividad física y cumplir con las normas de la higiene postural.
Pero además, determinadas enfermedades provocan dolor de espalda.
Una enfermedad crónica puede incrementar el peligro de padecer dolor de espalda si lleva aparejados inactividad física y reposo.
Desde luego, se impone antes de pensar en planear una serie de ejercicios destinados a aliviar el dolor de espalda de una persona que padece simultáneamente las consecuencias de una enfermedad de otro tipo, bien diagnosticada y en fase de tratamiento, que ésta consulte a su médico respecto de las particularidades de los ejercicios que le conviene hacer. Contra lo establecido antiguamente respecto de lo más conveniente para los enfermos convalecientes de un gran número de dolencias, basado en la necesidad supuesta de que guardaran cama y reposo absolutos, en muchos casos hoy en día los médicos recomiendan una serie de ejercicios suaves y bien controlados, tendientes a aliviar las molestias ocasionadas por las intervenciones quirúrgicas y los tratamientos prolongados. Se entiende así, desde la medicina general, que el excesivo reposo del enfermo y su yacer permanente en cama, entre otras consecuencias graves, puede originar una seria pérdida de masa muscular y de tonicidad, que muy poco contribuirán a su sanación, ya que más habitualmente lo único que harán será agregar un factor de perturbación y hasta de agravamiento de la patología principal, al agregarle los serios inconvenientes que provienen de una nula ejercitación de los músculos. No está de más subrayar que, dado el estado delicado que observan muchos de los afectados por diversas dolencias, se deberán extremar los cuidados y las indicaciones necesarios para que el ejercicio recomendado se mantenga dentro de los severos límites de lo conveniente, sin sobrecargar los esfuerzos ni pasarse de los límites impuestos por el natural estado de debilidad general del paciente.

Capítulo 8

Quiropraxia: un milagro manual para la salud

La quiropraxia es un sistema terapéutico basado fundamentalmente en masajes y manipulaciones de las partes del cuerpo afectadas por el dolor, que ha demostrado palpablemente su gran utilidad para combatir aquellas afecciones que ocasionan dolores dorsales, lumbares y cervicales.

Esta técnica, que es la de mayor difusión en los Estados Unidos de Norteamérica y Europa para tratar todo tipo de dolores dorsales, lumbares y cervicales, tiene su base en la idea de que las diferentes porciones de la columna vertebral se hallan íntimamente conectadas a regiones bien determinadas del sistema nervioso. A fin de reducir o eliminar el dolor, tanto en la musculatura dorsal como en la porción ósea de nuestra espalda, los expertos en quiropraxia aplican masajes y manipulaciones bien establecidas por el método como los pasos necesarios para disminuir la tensión de los nervios y las vértebras y discos vertebrales.

Desde luego, la quiropraxia toma en cuenta el estado del paciente previo a la administración de las sesiones de masajes y manipulaciones: una espalda fuerte, de buena musculatura, alcanzará el éxito del tratamiento bastante antes que una caracterizada por una musculatura incapaz de llevar adelante el trabajo de la columna vertebral y los músculos, en cuanto a sostener en forma cotidiana el peso del cuerpo.

Ello es así, porque otro de los conceptos básicos de la quiropraxia es que el origen de las dolencias y afecciones se encuentra en el interior del organismo, cuya falta de fortaleza le facilita a los agentes externos influenciar negativamente en él.

Agentes negativos que influyen sobre la columna

- El estrés, cuya influencia en el mundo moderno se hace sentir en todas las edades, sexos y geografías, tanto en zonas rurales como en las grandes ciudades.
- Los virus, cuyas mutaciones hacen que la estructura humana corporal esté expuesta continuamente a padecimientos de nula o muy difícil curación y ante los cuales la mayoría de los antibióticos proporcionados por la ciencia convencional han demostrado ser ineficaces.
- Los elementos químicos que, producto de la actividad industrial y tecnológica, infestan el aire, los alimentos y las aguas en todo el globo, concentrándose en las grandes ciudades, cuyo ambiente alcanza grados de polución intolerables para la vida humana en condiciones normales de sanidad.

En particular, la quiropraxia se revela como un eficaz aliado para aliviar las siguientes patologías:

- Lumbociáticas y braquialgias, hernias de disco.
- Dolores de espalda y de las extremidas inferiores y superiores.
- Dolores de espalda simples y también lumbalgias.
- Dolores de espalda de origen inespecífico.

Desde la quiropraxia, se entiende que el dolor de espalda puede ser atribuido a diversas causas. Entre ellas, podemos señalar como las más comunes:

- Las lesiones y las tensiónes musculares en la espalda.
- Los trastornos de la musculatura.
- La presión ejercida sobre una raíz nerviosa, a consecuencia de golpes o por un proceso inflamatorio de otra etiología.
- La adopción de posturas incorrectas y reiteradas.
- El embarazo.
- El hábito de fumar.
- Los excesos laborales.
- La práctica de ciertos deportes sin tomar las debidas precauciones. Por ejemplo, el levantamiento de pesas, el tenis, el golf, la pelota a paleta, el fútbol, el básquet.

Agentes negativos que influyen sobre la columna (cont)

- El estrés de las grandes ciudades.
- El empleo de moblaje inadecuado en la oficina y el hogar: sillas y sillones no acordes con la anatomía del individuo, escritorios demasiado bajos o excesivamente altos.
- El trabajo con computadoras.
- Golpes y magulladuras (muchas veces, el dolor de espalda surge varios días después de haber sufrido un golpe, inclusive, de poca intensidad).
- Los viajes prolongados en ómnibus, especialmente desde la casa al trabajo y viceversa; al repetirse semana a semana, las incómodas posturas a las que obliga un transporte abarrotado de pasajeros terminan por afectar la columna vertebral y la musculatura dorsal y cervical.
- La inactividad, aunque a mucha gente le resulte ello paradójico. Una inactividad que se prolonga por más de 48 horas, induce atrofia muscular y desemboca también en dolores de espalda.

La quiropraxia toma en cuenta, además, que los dolores de espalda, dependiendo de su condición de leves, agudos o severos, pueden durar desde unas pocas horas hasta extender su duración a cuatro meses, con alternancias en su intensidad.

Esta técnica natural que tan maravillosos resultados alcanza, aun en los casos más difíciles, dados como irresolubles para la ciencia convencional, entiende que muy corrientemente, las vértebras que componen la espina dorsal se encuentran erróneamente alineadas. Esta anormalidad induce obstaculizaciones en las señales eléctricas que el encéfalo manda a las terminales nerviosas de los tejidos y los órganos. Esta errónea alineación, origen de muchas afecciones y dolencias de la espalda, el cuello y la zona lumbar, no siempre es registrada convenientemente por las radiografías y aun las tomografías que emplea la ciencia convencional en sus tareas diagnósticas, por lo que suelen pasar inadvertidas aun ante los ojos de los especialistas más avezados de la clínica general. Este defecto, en quiropraxia, recibe el nombre de subluxación vertebral. Al ejercer masajes y manipulaciones sobre la espina dorsal, es posible volver a darle a la columna vertebral su posición correcta. Ello primero reduce y luego elimina las obstaculizaciones en las señales eléctricas que el encéfalo manda a las terminales nerviosas de los tejidos y los órganos. De este modo, el cuerpo, liberado de obstáculos, puede proceder a autocurarse, sin ninguna otra intervención que la del tiempo que necesita nuestro maravilloso organismo para volver a su punto de equilibrio y salud.

Tipos de pacientes según la quiropraxia

El sistema quiropráctico divide a los pacientes en diferentes tipos, cada uno de ellos dotados de diferentes características, las que implican tratamientos especiales. La quiropraxia no aplica el mismo tipo de masajes y manipulaciones a un paciente que sufre de hernia de disco que a uno abrumado por un dolor de espalda originado en el estrés.

Tipos de pacientes
Tipo 1 – Pacientes que sufren dolores de espalda de origen inespecífico.
Tipo 2 – Personas afectadas por lumbociática, braquialgia, hernia de disco.
Tipo 3 – Pacientes que soportan dolores de espalda simples y también lumbalgias.
Tipo 4 – Personas que sufren dolores de espalda y de las extremidas inferiores y superiores.

Las personas agrupadas bajo el tipo 1, aquellas que sufren dolores de espalda de origen inespecífico, tienden a sufrir dolores de máxima intensidad al momento de despertarse e intentar levantarse de la cama. A una serie determinada de masajes y manipulaciones estipulados por la quiropraxia –y que sólo puede brindar un experto en este método terapéutico, ya que intentarlo sin conocer profundamente los secretos y las especificaciones de la quiropraxia puede ser extremadamente dañino– se deben unir otros cuidados. Entre ellos, ocupa un lugar destacado el tipo de colchón que emplea para dormir el paciente. Para su tipo de afección, como para otras, es recomendable que emplee un colchón firme, de la variedad definida como "dura". Ésta permite adoptar una posición correcta durante el sueño y el descanso en vigilia, mientras que los colchones blandos y también aquellos que sin serlo del todo, dan al paciente la sensación de "hundirse" en él, aunque parezcan a primera impresión muy confortables, en realidad no lo son. Al sumirse en una superficie blanda, la columna vertebral debe forzar su trabajo para equilibrar la falta de sostén que le da el colchón. Así forzada, la torsión de la columna vertebral no permite un sueño profundo ni reparador, despertándose el paciente con dolores agudos de espalda y contracturas musculares al día siguiente.

Las personas agrupadas bajo el tipo 2, son quellas que son afectadas por lumbociática, braquialgia, hernia de disco, encuentran un correcto alivio de sus males en los masajes y manipulaciones de la columna vertebral en sus porciones cervical, dorsal y lumbar. Dentro de la quiropraxia, la atención de este tipo de pacientes constituye prácticamente una subespecialidad. Las prácticas diseñadas para ellos se brindan con extremo cuidado, por la intensidad del dolor que acompaña, generalmente, a las patologías que ellos sufren.

Las personas agrupadas bajo el tipo 3, que soportan dolores de espalda simples y también lumbalgias, corresponden a la mayoría de los casos que son derivados al sistema quiropráctico.

El dolor se produce en la parte baja de la espalda, aunque puede irradiar hacia las nalgas, sin pasar de las rodillas. Es también conocido bajo el nombre de lumbago, o dolor de espalda bajo y constituye una de las causas más frecuentes de incapacidad laboral. Las lumbalgias comprometen a los músculos y la columna vertebral, su causa mas habitual, aunque también pueden originarse en uno u otro sitio.

Hace tiempo –por suerte, en la mayoría de los países se trata hoy de una práctica errada que ha sido desterrada– al paciente con lumbalgia se le recetaba guardar reposo durante días y hasta semanas enteras, mientras tuviera duración el dolor.

Con el progreso de los conocimientos médicos, se ha llegado a la conclusión que el reposo no sólo no es necesario para lograr la recuperación del paciente, sino que hasta puede ser altamente dañino para su salud.

En vez de aguardar en cama la desaparición del dolor, estos pacientes pueden realizar algunas actividades de mantenimiento de la tonicidad muscular, que alternarán con sesiones de quiropraxia para obtener el resultado buscado.

Las personas agrupadas bajo el tipo 4, que sufren dolores de espalda y de las extremidas inferiores y superiores, suelen poseer una o más de las siguientes características:

- Sufren de un dolor que se intensifica notablemente en las horas nocturnas.
- Padecen de dolor en la zona media de la espalda, que se extiende luego hacia el pecho.
- Pueden poseer antecedentes de intervenciones quirúrgicas oncológicas.
- Presentan un mal estado general.
- La velocidad de sedimentación de su sangre está elevada.

- Pueden ser adictos a drogas inyectables por vía endovenosa.
- Han pasado por tratamientos prolongados con sustancias derivadas de la cortisona.
- Su edad es inferior a los 15 años o se trata de personas mayores de 60 años.
- Se quejan de una disminución de sus fuerzas en piernas y/o brazos.
- Si se les realiza una secuencia de radiografías, evidencian daño de las vértebras o infección de los discos.

Masajes y manipulaciones

Dado que el dolor suele surgir relacionado con esfuerzos y movimientos y asimismo se alivia cuando reposamos, se estableció como diagnóstico general que el dolor se debe a alteraciones mecánicas de la columna, originadas por accidentes o excesivos esfuerzos laborales.

En este aspecto, la quiropraxia es uno de los tratamientos más recomendados, dado que se basa en masajes y manipulaciones que, brindados por expertos en sus técnicas y procedimientos, darán al paciente un eficaz alivio de sus padecimientos.

Por otra parte, las sesiones de masajes quiroprácticos –bien ejecutados– carecen absolutamente de riesgos para los pacientes, muchos de ellos sufriendo de fuertes dolores de espalda y en un estado francamente delicado. Por su parte, las manipulaciones de la columna vertebral, que incluyen tracciones y otras maniobras, como en el caso de los otros tres grupos de pacientes, en éstos, los del tipo 4, son capaces de aliviar y hasta reducir los efectos de los dolores de espalda y de las extremidas, tanto inferiores como superiores, capacidad que hace de estas técnicas un recurso infinitamente aprovechable por quienes requieren de ellos tan imprescindiblemente.

La sesión de quiropraxia

Por lo habitual, el tratamiento de sus problemas a través de la quiropraxia se desarrolla a partir de varias sesiones, según el tipo de dolencia que usted padezca.

Desarrollo de una primera sesión de quiropraxia

- Previamente a ingresar a la sesión, deberá completar un formulario que conformará su historial médico. Las cuestiones tratadas por este formulario específico de las prácticas quiroprácticas, además de incluir todas las típicas de los formularios clínicos de la ciencia convencional, agregarán preguntas relativas a operaciones quirúrgicas que ya haya sufrido antes de las consulta, fracturas, accidentes, caídas, luxaciones o esguinces, entre otras inquisiciones de absoluto interés para el trabajo del quiropráctico.
- Ya iniciada la sesión, el terapeuta le preguntará detalladamente las particularidades de sus síntomas, los acontecimientos que tuvieron lugar cuando los síntomas comenzaron, tanto de origen real como emocional, qué tipo de labores llevaba a cabo y qué tipo de hobbies y deportes eran sus favoritos por aquel entonces.
- A continuación, el quiropráctico le pedirá que se recueste en una camilla especial, capaz de ser movida en diferentes direcciones. Sobre ella el terapeuta procederá a examinar toda su columna vertebral, buscando los puntos más sensibilizados, así como áreas que acusen inflamaciones.
- Una vez realizado el diagnóstico a través de estas y otras operaciones, el quiropráctico realizará en usted lo que en términos del método se denomina "ajustes", que consisten en manipulaciones realizadas generalmente empleando la palma de la mano.
- Por lo habitual, los ajustes concretados sobre tejidos blandos son suaves y apenas los podrá percibir; sin embargo, en el caso de ajustes realizados sobre porciones óseas de su organismo este trabajo le resultará más fuerte y enérgico.

Desarrollo de una primera sesión de quiropraxia (cont)

- La secuencia de sesiones de quiropraxia necesarias para arribar al resultado buscado, la curación de su afección, estará en directa relación con las características de ésta. Asimismo, influirán decididamente en la duración del tratamiento y el número de sesiones necesarias las causas de su problema, el grado y extensión de las lesiones que ha sufrido, su estado de salud general, la fortaleza y la flexibilidad de su musculatura y su sistema óseo y muchas otras particularidades más. En general, dependiendo siempre de los factores antedichos, podemos arriesgar que en el caso de una dolencia menor su tratamiento quiropráctico se extenderá a través de unas tres o cuatro sesiones. En tanto, si su caso es de índole severa o más complicada, puede su necesidad de sesiones de tratamiento elevarse a unas dieciocho, con controles periódicos posteriores.

Las personas de hábitos sedentarios y el dolor de espalda

Los hábitos sedentarios, tales como los que impone la vida moderna en las grandes cuidades, son uno de los enemigos más formidables de la salud de nuestra espalda. Sin darnos cuenta, adoptamos posturas inadecuadas que tarde o temprano dejarán sentir sus efectos sobre nuestro organismo.

Entre estos hábitos perniciosos, y obligatorios para muchos de nosotros, se cuentan:

- Estar muchas horas sentado.
- Inclinarse inconscientemente hacia adelante, curvando la espina dorsal de modo absolutamente antinatural.
- Evitar, empleando todos los recursos que nos brinda la engañosa vida actual, el realizar esfuerzos menores que, de otro modo, contribuirían al sano ejercicio de nuestra musculatura.
- Emplear el ascensor en vez de las escaleras.
- Recorrer en automóvil –"la silla de ruedas moderna"- las distancias que tanto bien nos haría caminar.
- Someter al cuerpo a torsiones y movimientos antinaturales, particularmente en la oficina, cuando nos estiramos en una verdadera contorsión de músculos y nervios para alcanzar útiles o documentos que mejor nos sería tomar luego de ponernos convenientemente de pie.
- Levantar pesos por encima de nuestras posibilidades y sin emplear la musculatura de nuestras piernas –la más poderosa y ejercitada de todo nuestro organismo sino el esfuerzo de nuestros brazos y espalda.
- Dormir tensionados y contracturados, luego de una agotadora jornada laboral, sin hacer nada para aliviar previamente la tensión de nuestros músculos dorsales.

A estos factores ya de por sí perniciosos, se suman otros de índole más específica:

- Carencia de fuerza muscular. Tener músculos de la espalda poco potentes es un factor que incrementa el riesgo de surgimiento de dolores dorsales. Cuanto menos fuerza estos tienen, menos protegidos están los discos intervertebrales y menos resistente es la espalda para soportar esfuerzos, acrecentándose entonces el riesgo de que surjan contracturas y dolores dorsales.

- Ausencia de actividad física. Los músculos de la espalda están coordinados para sostener el equilibrio en movimiento. Ello depende de reflejos nerviosos que deben mantener un orden repetitivo para conservar su equilibrio. La ausencia de física reduce ese equilibrio delicado y vital, haciendo que los músculos se contraigan de modo inadecuado, lo que facilita su contractura.
- Postura inadecuada. En condiciones normales, los músculos de la espalda protege el disco, por lo que el peligro de sufrir contracturas y fuertes dolores dorsales se acrecienta si la musculatura es poco potente.
- Mala higiene postural. Es muy frecuente adoptar posturas incorrectas, que aumentan la presión sobre los discos intervertebrales, lo que puede facilitar que se pronuncien fisuras y hernias discales. Mucho más si son incorrectas las posturas que se adoptan al estar sentado. La lesión del disco intervertebral y la contractura de los músculos son mucho menos probables si éstos son fuertes.
- Sobrepeso. Se asocia frecuentemente con el sedentarismo, y es uno de los factores que acrecientan el peligro de que se establezca el dolor de espalda. El riesgo crece si al sobrepeso se le suma la falta de una musculatura potente.
- El dolor de espalda puede tener consecuencias funestas para las personas que llevan adelante una vida sedentaria. Algunas de éstas son:
- El establecimiento de dolor crónico. Entre los sedentarios generalmente coexisten varios actores que hacen que el dolor aparezca o persista. Si el dolor aparece, es mayor el riesgo de que se cronifique bajo estas circunstancias.
- La cronificación de la incapacidad. Si se está acostumbrado a exigirle poca disciplina física al organismo, ello suele estar asociado a una actitud evitativa del dolor, con tendencia al reposo y a sortear cualquier actividad que se suponga que va a desencadenar o aumentar el dolor. Esto contribuye a que el dolor se cronifique.

Las personas de hábitos sedentarios harían bien en seguir las prácticas que aquí se indican, a continuación:

- Sostener una adecuada actividad física.
- Observar una sana higiene postural.
- Desarrollar los músculos de la espalda mediante ejercicios aeróbicos.

Capítulo 9

Técnica Alexander: la relación curativa entre la mente y el cuerpo

Esta técnica curativa, que gana día a día adeptos en todo el mundo, está basada en la relación que existe entre la mente y el cuerpo. Está digida a tomar conciencia respecto de ella y, de ese modo, restaurar la armonía y el equilibrio generales.

La técnica Alexander tiende a transformar los inadecuados movimientos y las posturas erróneas que adoptamos cotidianamente, para permitirnos acceder naturalmente a los que son más adecuados y saludables.

Respecto de los movimientos equivocados, son aquellos que sin atraer nuestra atención, ejecutamos cada día de un modo incorrecto, tales como caminar, estirarnos para alcanzar los útiles de oficina que están en el escritorio vecino, sentarnos, levantar un peso o agacharnos. Prácticamente cualquiera de los movimientos que realizamos pueden ser fuente directa de desarmonía y malestar. Sin haber sido conscientes de ello, durante décadas maltratamos nuestro cuerpo de maneras muy distintas y numerosas. El cuerpo, aunque es muy resistente, finalmente no tiene otro remedio que hacer que nos enteremos de que algo anda mal. Se trata de síntomas que indican que no lo estamos tratando bien. Lo hace mediante las señales de alarma constituidas por dolores de espalda, contracturas cervicales, dificultades en la respiración, disfonías, fatiga, tensión general de la musculatura. Luego, con la repetición día a día de estas posturas y movimientos incorrectos, sobrevienen otros síntomas más serios, tales como estrés, ahogos, cansancio crónico, fatiga, rigidez muscular y fuertes dolores de espalda que se eternizan, alterando nuestra calidad de vida.

La técnica Alexander consiste en un método práctico creado por Frederich Matthais Alexander, nacido en 1869 y fallecido en 1955, que contribuye a tratar mejor nuestro cuerpo. Se trata de poder usarlo de un modo diferente, tanto en movimiento como en estado de reposo. Y ello tanto en las actividades cotidianas, en casa, en la escuela, en el trabajo, como durante la práctica de nuestro deporte favorito. Reducimos así las tensiones excesivas y mejoramos la coordinación, los movimientos, el equilibrio y el ritmo de la respiración. La técnica descubierta por Frederich Matthais Alexander se practica en las escuelas de teatro, dado que resulta indispensable para el aprendizaje del arte escénico y del mismo modo, en el deporte se la utiliza para alcanzar conscientemente el estado de reposo en actividad.

La técnica creada por Frederich Matthais Alexander se practica en las escuelas de teatro, dado que resulta indispensable para el aprendizaje del arte escénico y del mismo modo, en el deporte se la utiliza para alcanzar conscientemente el estado de reposo en actividad.

Fue incluida como tratamiento en la seguridad social británica y numerosas compañías de seguros inglesas la han aceptado como tratamiento contra el dolor.

Frederich Matthais Alexander, su descubridor, observó que un gran número de personas tenemos el hábito de realizar ciertos movimientos que llevan a comprimir la columna vertebral. Hacerlo es origen de tensiones y bloquea la flexibilidad y el movimiento de la columna dorsal. Como observó que también él mismo realizaba esos movimientos erróneos, decidió cambiar de hábitos y se aplicó conscientemente a mejorar su postura corporal, con lo que logró que tanto su espina dorsal como su torso se relajaran, situación que comprobó, le brindaban más flexibilidad y un mejor relajamiento general, obteniendo así un alivio del desasosiego y malestar.

A partir de allí, de esta comprobación realizada sobre su mismo organismo, Frederich Matthais Alexander se dedicó a ahondar en su descubrimiento, legándonos su famosa técnica.

Frederich Matthais Alexander era un actor que luego de llevar adelante su profesión por varios años, comenzó a sufrir problemas vocales. Después de las actuaciones aparecía la ronquera, algo desastroso para alguien que se ganaba la visa sobre un escenario.

En busca de una solución, visitó y consultó a numerosos foniatras sin lograr dar con una respuesta válida para su problema. Al cabo de mucho peregrinar, dio con un especialista que le recomendó que no hablara en absoluto durante las dos semanas previas a su futura presentación sobre las tablas, a fin de asegurar el reposo de las cuerdas vocales. Cuando llegó la función, al comienzo Alexander se expresó normalmente, pero poco a poco la ronquera fue apareciendo y al cierre de la función el actor se había quedado completamente sin voz. Alexander se aplicó a investigar lo que le había sucedido. Llegó así a la conclusión de que si había estado una quincena sin hablar antes de la función, la ronquera podía estar originada en algo que le había sucedido a su voz durante el desarrollo del espectáculo

Ayudándose con un espejo, observó qué hacía durante el mismo. Allí comprendió que antes de empezar a hablar su cabeza tendía a irse hacia atrás, provocándole una gran tensión en los músculos cervicales, que deprimía la laringe, que el pecho se le encorvaba hacia delante y que tensionaba la espalda.

Lo que debía hacer era dejar de producir esas tensiones que le provocaban la pérdida de la voz y que afectaban su aparato vocal y a todo el resto de su cuerpo. Cuando concientemente dejaba de interferir con el funcionamiento natural de su organismo, recobraba su equilibrio y coordinación. Descubrió la relación entre el cuerpo y la mente, base de la técnica que lo haría famoso y proporcionaría salud y bienestar a millones de personas.

Cuando retornó a la escena era un hombre nuevo. Su fama se extendió más allá de su patria natal, Australia: entonces se trasladó a Londres donde impartió sus lecciones a sus colegas actores, médicos y personas en general. A los 75 años sufrió un severo derrame cerebral, afección que le paralizó medio cuerpo. Se pensó que iba a morir, pero al cabo de un año, este peligroso estado había desaparecido y el famoso maestro Frederich Matthais Alexander había recuperado la movilidad y la lucidez de un modo prácticamente completo y por demás asombroso. Frederich Matthais Alexander murió cuando contaba 86 años y hasta el mismo día de su fallecimiento siguió impartiendo lecciones sobre la técnica maravillosa que él mismo había inventado.

Esta técnica tiene por base en el comprobable concepto de que funcionamos como un todo. Sus seguidores, que se denominan a sí mismos maestros, en vez de terapeutas, nos enseñan cómo aprender a prevenir los hábitos perjudiciales, tales como la tensión muscular y el excesivo esfuerzo a la hora de realizar nuestra actividad diaria. Estas tensiones se repiten a través de nuestra vida, lentamente las incorporamos como si fueran algo natural y se convierten en algo habitual, como si no existiera otro estado posible que esa tensión y sobreesfuerzo.

El trabajo según la técnica ideada por Frederich Matthais Alexander consiste en preparar la musculatura para que pueda sostener una posición correcta durante todo el día, ejecutando los movimientos más habituales, tales como sentarnos, permanecer de pie, caminar, estirarnos, tomar objetos de distinto peso, y acostarnos, entre muchos otros que ejecutamos sin ser conscientes de ellos.

La técnica Alexander se basa en detectar qué es lo que estamos haciendo de más para comenzar a dejar de hacerlo.

La técnica Alexander puede ser de gran ayuda en la mayoría de los casos, entre ellos el dolor de espalda, las contracturas cervicales, la escoliosis y los problemas de la respiración, aunque su área de aplicación es mucho más extendida. Un buen ejemplo de la aplicación de esta técnica es la del caso que más nos interesa en este libro. Ante una dolencia como el dolor de espalda, se observa dónde se producen las tensiones que originan el problema y es subrayar que muchas veces las tensiones no se dan solamente en un lugar concreto, sino que se producen en cualquier parte del cuerpo. A continuación, el maestro en la técnica Alexander ayuda a descubrir al alumno cómo él interviene en la afección y, lentamente, se inicia el proceso de hacer desaparecer esas tensiones que interfieren en el normal equilibrio y tonicidad del cuerpo.

Los maestros de la técnica Alexander imparten sus enseñanzas en clases que duran entre media y una hora. Luego de enseñar de qué manera funciona la técnica en forma teórica, el maestro hará una demostración práctica de su aplicación, mostrando los movimientos a seguir y detallando sus ventajas y conveniencias.

Durante la clase, el maestro emplea las manos para conducir a los pacientes durante todos los ejercicios, ayudándoles a flexionar correctamente sus músculos. La misión del maestro es, además de enseñar los movimientos convenientes, el lograr que el paciente aprenda a evitar los movimientos equivocados. Estos son aquellos que está a costumbrado a realizar como respuestas a los estímulos de la vida cotidiana. El maestro orientará, según esta técnica de apredizaje de nuevos movimientos y posturas y "desaprendizaje" de aquellos erróneos, en el camino a lograr la armonía buscada.

Otra particularidad de la técnica Alexander es que no busca que el paciente debe realizar, fuera de la clase, una serie de ejercicios determinados, una suerte de "tarea para el hogar" o "home work", como recomiendan otras terapias. En vez de esto, se buscará que se vuelva más consciente de sus propios movimientos, de los erróneos que venía desarrollando hasta comenzar su apredizaje, y de los nuevos movimientos y posturas con los que deberá reemplazar a los anteriores.

A medida que gane en conciencia de sus capacidades de movimientos correctos y vaya eliminando los incorrectos, el paciente logrará que su conciencia y sus músculos comiencen a actuar de un modo coordinado, hasta llegar a la meta buscada. Ésta no es otra que el logro de que sus movimientos armónicos se desarollen de un modo inconsciente, exactamente de la misma manera que antes ejecutaba los perjudiciales. En cierta forma, podemos decir que la técnica Alexander consiste en un método de sustitución consciente de movimientos y posturas, tendiente al logro de la armonía y el equilibrio.

A este respecto, vale la pena tomar en cuenta algunas prácticas que le ayudarán, una vez iniciadas sus practicas guidas por un maestro en la técnica Alexander. Ellas son las siguientes:

Prácticas adicionales

- Para facilitar la alineación de la columna vertebral, busque la imagen mental de una soga que se estira desde su cabeza y pone derecha su espalda.
- Realice los movimientos enseñados por el maestro frente a un espejo, idealmente ante uno que refleje su cuerpo completo, dado que así logrará apreciar más nítidamente las diferencias con sus movimientos anteriores.
- Practique todos los días, a fin de que realizar los movimientos y adoptar las posturas recomendadas por la técnica Alexander se vuelvan conscientes para usted y luego, como es deseable, los incorpore automáticamente a su "batería de movimientos posibles".

LOS DEPORTISTAS Y EL DOLOR DE ESPALDA

La realización de ejercicios que desarrollen debidamente los músculos de la columna y el uso de vestimenta y calzado deportivo adecuados aminoran el peligro que implica la práctica de algunos deportes.
Es imprescindible que un profesional médico examine su estado físico antes de iniciarse en un deporte, cualquiera sea éste. Establecerá el estado de su espalda, el de su sistema cardiovascular y la situación general de su salud, y logrará con ello recomendarle el deporte más conveniente para su presente condición física. Desde luego, si siente dolor de espalda o contracturas al realizar algún deporte debe interrumpir su práctica y buscar el consejo de un especialista.
Por lo habitual, todas las personas sanas sacamos muchas ventajas de una práctica razonable y equilibrada de nuestros deportes favoritos. Pese a ello, algunas disciplinas deportivas pueden acrecentar el peligro de sufrir de dolor de espalda y contracturas, particularmente en aquellos casos en los que las personas se entregan a su práctica buscando sus facetas competitivas sin contar con la guía profesional ni el entrenamiento adecuado para afrontar esfuerzos que corresponden a los atletas profesionales.
Los músculos de la espalda son empleados para hacer movimientos que no deberían realizar, dado que contribuyen a mantener el equilibrio cuando se ponen en movimiento distintas partes del cuerpo. Es recomendable que antes de realizar un deporte se asegure de que los músculos de su espalda estén convenientemente desarrollados. Caso contrario, la falta de un desarrollo que a lo sumo le llevaría unos meses de paciente trabajo en el gimnasio, podría convertirse en un peligroso enemigo a corto plazo. Cuanto más desarrollados se encuentren sus músculos dorsales , menor riesgo habrá de lesionarse la espalda haciendo un deporte para el que quizá no esté preparado. Muchos deportes producen contracturas dado que obligan a realizar esfuerzos intensos y repentinos. La falta de entrenamiento contribuye a que la contractura surja ante esfuerzos de menor intensidad.

Veamos cuáles de las prácticas deportivas pueden dañar seriamente nuestro organismo.

- Las disciplinas deportivas que implican realizar movimientos de flexo–extensión de la columna vertebral, especialmente con carga, torsión brusca o mantenida.
- Los deportes que obligan a la columna vertebral a soportar vibraciones.

- Aquellos que llevan a desarrollar más los músculos de un lado del cuerpo más que los del otro, ocasionando un desequilibrio en la dinámica de la columna, en su reparto de cargas e incluso en su estática.
- Ciertos deportes incrementan el peligro de provocar lesiones de la columna vertebral, tales como:
- Hernias discales (basquet, tenis, golf y squash).
- Contracturas y dolor de espalda crónicos (tenis, lanzamiento de disco, pelota a paleta, pelota vasca, fútbol).
- Escoliosis (remo, tenis).
- Desgarros de los músculos de la espalda, entre otras porciones del cuerpo (salto con jabalina, salto en largo, tenis, artes marciales).

Por otra parte, la falta de atención a estas llamadas de alerta que nos da el organismo a través del dolor, puede conducirnos a sufrir otras consecuencias paralelas. Veamos a qué nos exponemos:

- El dolor puede volverse crónico. En caso de no seguir los tratamientos adecuados y seguir practicando el deporte que trajo aparejados dolores que antes no se padecían, el dolor puede hacerse habitual y aun persistir cuando no se está realizando el ejercicio, circunstancia que hará más complicado el proceso de eliminarlo.
- Los tratamientos inadecuados. Se ejemplifica con el seguimiento de tratamientos indicados para el corto plazo, cuando no son definitivamente paliativos, que en un período mediano acarrearán consecuencias prolongadas.
- Interrumpir bruscamente la práctica deportiva. Comúnmente la práctica deportiva implica que los músculos de la espalda sean poderosos y funcionen adecuamente a fin de mantener las distintas posiciones que el deporte elegido requiere, se asegure el equilibrio corporal y se posibilite al cuerpo realizar movimientos rápidos. El abandono brusco del deporte descalabra este equilibrio, con consecuencias opuestas a las buscadas.
- Para prevenir y tratar el dolor de espalda en el caso de aquellos que practican algún deporte, existen sencillas reglas que vamos a detallar a continuación:
- Entrenamiento adecuado, con una intensidad progresiva que incluya un período de calentamiento previo al ejercicio propiamente dicho.
- Desarrollo de la musculatura de la espalda y de los músculos abdominales antes de practicar deportes.

Capítulo 10

Apiterapia: el dolor de espalda y nuestras amigas, las abejas

Básicamente, podemos definir a la apiterapia como el empleo racional y controlado de productos producidos o derivados de la abeja y sus actividades, en beneficio de la salud humana.

Conocida desde antiguo por la humanidad como fuente de curación de distintas dolencias, la apiterapia ha llegado a nuestros días no sólo como un modo tradicional de aliviar y hasta suprimir diversos males del organismo, sino que en la actualidad sus ventajas han sido revalorizadas y hasta aceptadas por un sector de la ciencia.

El uso de las abejas y sus productos con fines curativos es al menos tan antiguo como la misma cría de las abejas para producir cera y miel. En arcaicos textos chinos de medicina natural, que datan de hace más de 4.000 años, ya se mencionan las bondades de las abejas, la miel, la jalea real y otras sustancias, empleadas con fines curativos.

Asimismo, los médicos griegos y romanos empleaban las picaduras de las abejas, inducidas sobre el cuerpo del paciente, para aliviar los dolores reumáticos, como está bien documentado en tratados de la época.

Entre las sustancias empleadas en apiterapia, se cuentan:

- La miel
- El polen
- El propóleo
- La jalea real
- La cera
- El veneno
- El veneno de abejas: un amigo del hombre

Numerosos animales, entre ellos los insectos, producen venenos de diversa composición química con fines ofensivos y defensivos. Sin embargo, es el veneno de la abeja el que más efectos útiles proporciona a la salud humana. Adicionalmente, el hecho de que la abeja sea el único insecto domesticado por el hombre desde hace miles de años, hace que estemos muy familiarizados con sus propiedades y que estos zumbantes animalitos sean mucho más fáciles de tratar que otros.

Los análisis químicos del veneno de las abejas han revelado la importante cantidad de sustancias que posee en su composición, muchas de ellas dotadas de interesantes cualidades.

Sustancias que componen el veneno de las abejas
Sustancia: Melitina. **Propiedades:** Bactericida y citotóxico. Produce inflamación a través de la liberación de histamina. Estimula la pituitaria para liberar ACTH, que estimula las glándulas suprarrenales para producir cortisona, responsable de la respuesta del cuerpo para la autocuración. Es mucho más potente como antiinflamatorio que la hidrocortisona.
Sustancia: Péptido. **Propiedades:** Lleva a la liberación de histamina que produce los síntomas de inflamación (hinchazón, picor, enrojecimiento, calor).
Sustancia: Adolapina. **Propiedades:** Tiene un efecto analgésico. En el caso de la esclerosis múltiple el veneno de abeja no es una curación, pero detiene su progreso. El número de sesiones en cualquier enfermedad depende de la enfermedad, de la persona y del desarrollo alcanzado.
Sustancia: Apamina. **Propiedades:** Refuerza la transmisión sináptica a largo plazo. Acorta la duración del potencial de actuación de un nervio.

Sustancias que componen el veneno de las abejas (cont)

Sustancia: Hialuronidasa.

Propiedades: Disuelve el ácido hialurónico que conecta las células, haciendo así más permeable el tejido o el espacio extracelular. Esto facilita el transporte de las sustancias curativas y a la eliminación de los desechos o de las sustancias tóxicas del área dañada.

Beneficios que produce el tratamiento apiterápico

Algunos de los beneficios que produce la aplicación de la apiterapia son los que siguen:

- Beneficios ante problemas óseos: Estimula la curación del sistema óseo.
- Beneficios que produce ante problemas de origen psicológico: Mejora los síntomas de la depresión.
- Beneficios para la piel: Tienen una acción curativa sobre los eczemas, la psoriasis, las úlceras tópicas, y las verrugas.
- Beneficios ante males cardiovasculares: De utilidad en casos de hipertensión (crónica y aguda), arritmias, aterosclerosis y várices.
- Beneficios en caso de infecciones: Reducen la laringitis, y la mastitis.
- Beneficios ante afecciones pulmonares: Colabora en casos de obstrucción crónica pulmonar, enfisema y asma.
- Beneficios ante males que afectan a los órganos de los sentidos: Reduce la pérdida de audición, la pérdida de la vista, el glaucoma, la diplopía y la iritis.
- Beneficios que reportan para los dolores de espalda y afecciones asociadas: Reduce el dolor de espalda, las contracciones musculares, la fibromialgia y los dolores originados por la hernia discal.
- Beneficios que reportan en el caso de distintos dolores de huesos y articulaciones: Mejora la sintomatología de la artritis reumatoide, la osteoartritis, la artritis reumatoide juvenil, la artritis traumática, la espondilitis, la artritis psoriática, el llamado "codo de tenista" y la bursitis.

PERSONAS MAYORES

El 80% de los mayores de 60 años padece dolor de espalda. Aunque hasta hace algunas décadas se estimaba que el dolor de espalda respondía como causas a la artrosis vertebral y a otras alteraciones orgánicas causadas por el desgaste de las estructuras que conforman la espina dorsal, hoy sabemos que el dolor de espalda en las personas mayores puede surgir de una alteración orgánica de la espina dorsal o como consecuencia de la osteoporosis. Pero habitualmente corresponde a un mal funcionamiento de la musculatura, debido a la inactividad física. El sedentarismo y la falta de actividad física producen la pérdida de la masa muscular, su mal funcionamiento y su contractura.

La musculatura puede recuperarse y entrenarse a cualquier edad. Los ancianos pueden obtener este evidente beneficio gracias a un entrenamiento correspondiente a la edad de cada individuo y su estado de salud.

- El mal funcionamiento de la musculatura. Pese a que las alteraciones de las vértebras asociadas con la degeneración de sus estructuras son más comunes entre los mayores, habitualmente el dolor se debe a un mal funcionamiento de la musculatura, originado en la pérdida de la masa muscular, la inactividad física y el exceso de reposo. El reposo resulta perjudicial para la espalda, dado que su exceso acelera la atrofia muscular, particularmente entre los mayores, del mismo modo que contribuye al agravamiento de la osteoporosis. Cuando debido por el dolor de espalda una persona mayor reduce su actividad física o guarda un excesivo reposo, está incrementando su osteoporosis y atrofia muscular, y ello hará que cada vez le resulte más arduo recuperar la autonomía.
- La artrosis facetaria: consiste en el desgaste de la articulación posterior de las vértebras. Suele aparecer a nivel lumbar y producir dolor. El dolor es más fuerte al caminar que al permanecer inmóvil y mejora al tomar asiento.

La artrosis vertebral. Se origina en el desgaste del disco intervertebral y posibilita que las vértebras se junten, haciendo que el mayor pierda altura. Puede aumentar la carga que soportan las vértebras, llegando incluso a deformarlas.

- Para evitar estas peligrosas consecuencias de la combinación del avance de la edad y las dolencias antedichas, se deben observar las siguientes indicaciones:
- Mantener la musculatura de la espalda mediante la práctica de ejercicios aeróbicos.
- No entregarse a la resignación cuando el dolor se manifiesta. Resulta erróneo pretender que el dolor es una consecuencia normal de la edad y que va a perdurar.